Edelsteine für Frauen

Die Autorin
Ursula von Rohr, diplomierte Betriebswirtin, verbindet eine realistische Betrachtungsweise des Lebens mit weiblicher Freude am Leben und an Esoterik im weitesten Sinne. Sie hat sich voller Inspiration der Wirkung von edlen Steinen gewidmet, deren Zauber sie vielen Frauen auf leichte und harmonische Weise präsentieren möchte. Sie lebt in Wien und in Santa Fe.

Ursula von Rohr

Edelsteine für Frauen

Die 70 wichtigsten Kristalle zur inneren Harmonie

ECON Taschenbuch Verlag

Veröffentlicht im ECON Taschenbuch Verlag

Originalausgabe

© 1996 by ECON Verlag GmbH, Düsseldorf

Umschlaggestaltung: KKK, Köln
Die Ratschläge in diesem Buch sind von Autor und Verlag sorgfältig erwogen und geprüft; dennoch kann eine Garantie nicht übernommen werden. Eine Haftung des Autors bzw. des Verlags und seiner Beauftragten für Personen-, Sach- und Vermögensschäden ist ausgeschlossen.
Lektorat: Heike Neumann
Gesetzt aus der Rotis Serif/Rotis Sans Serif
Satz: Alinea GmbH, München
Druck und Bindearbeiten: Ebner Ulm
Printed in Germany
ISBN 3-612-19003-2

Dieses Buch widme ich

Mexi, Ines, Dorli, Elisabeth, Margit, Andrea, Sabine, Barbara, Ilse, Petra und RitaJi und allen Frauen, die ein Gespür für die Schönheit des Lebens haben, wie sie sich in den Schätzen der Natur und vor allem im Wunder der Edelsteine ausdrückt.

Ursula von Rohr

Inhalt

Der Zauber der edlen Steine: Kristalle, Mineralien, Juwelen und Edelmetalle für Frauen

Om mani padme hum – o du Juwel in der Lotosblüte
– Buddhistisches Mantra

Mensch, geh nur in dich selbst! Denn nach dem Stein der Weisen
Darf man nicht allererst in fremde Lande reisen.
– Angelus Silesius, Aus dem Cherubinischen Wandersmann

Edle Steine bezaubern uns Menschen seit jeher. Juwelen galten und gelten als Sinnbild nicht nur des größten irdischen Reichtums, sondern auch als Synonym für die wertvollsten seelisch-spirituellen Schätze.

Das Juwel in der Lotosblüte ist Symbol für die erweckte und erwachte Seele, die aus dem kosmischen Bewußtsein lebt. Der Stein der Weisen ist keineswegs der magische Zauber, mit dem sich aus Eisen Gold gewinnen läßt, sondern Symbol für das ewige Leben – das ein für Gott erwachtes, rein geistiges Leben der Seele ist.

In den irdischen Edelsteinen, Kristallen, Halbedelsteinen, Edelmetallen und Metallen hat sich die gesamte schöpferische Kraft aus Erde und Luft, aus Feuer und Wasser, aus planetarischer Energie, Sonnenlicht und kosmischer Strahlung wie in einem alchimistischen Schmelztiegel zu den wundersamsten Gebilden verdichtet.

Die verschiedenen Steine und Mineralien bringen einen jeweils ganz eigenen Aspekt in Herkunft und Wirkung, in Auswahl, Mischung und Charakter dieser mannigfachen Kräfte zum Ausdruck. Sie spiegeln auf der nur vermeintlich unbelebten Ebene fester Molekülstrukturen einen ganz bestimmten Aspekt der Schöpferkraft in verdichteter und deshalb oft stark wirksamer Weise wider.

Das Wort »*Stein*« wird aus einem alten Begriff für »gefrorene Tropfen« abgeleitet. Edle Steine, Kristalle und Metalle sind demnach Erscheinungsformen, die einmal *»flüssig«* waren, bevor sie nun in fester Form vor unseren Augen funkeln oder glänzen.

»Alles, was organisch gewachsen ist und mithin ein *Achsensystem* besitzt, kann kosmische Strahlen aufnehmen und weitergeben. Gerade die Kristalle besitzen solche Achsensysteme in wunderbarster Regelmäßigkeit … Edle Steine als Empfänger und Spender kosmischen Lichtes, das ist mehr als ein Gedanke von Dichtern.« So Johannes Vehlow in *Astrologie,* Bd. III, S. 418 ff. (s.a. Literaturhinweise).

Frauen sind besonders offen für edle Steine, Kristalle und Edelmetalle. Nicht vorrangig, weil sie sich als das *»schönere Geschlecht«* besser als Trägerinnen von Schmuck eignen mögen, sondern vor allem deshalb, weil Frauen sensibler, offener, feinfühliger, empfindsamer und intuitiver mit den feinen und oft hohen Schwingungen von edlen Steinen umgehen können.
Frauen haben oft ein ganz unmittelbares Gespür dafür, welcher Stein sich für welchen Zweck eignet, wie sie Energiearbeit mit Kristallen durchführen und mit welchen Edelsteinen sie heilen können. Dieses Buch berücksichtigt deshalb im Hauptteil besonders die Wünsche und Bedürfnisse von Frauen, die mehr darüber erfahren möchten, welche Wirkungen Edelsteine für sie haben können.

Jeder Stein hat eine eigene *Persönlichkeit,* die sich aus Material, Form, Schliff bzw. Bearbeitung und so fort ergibt. Nicht jeder Stein paßt zu jedem Menschen. Manche Steine verlieren ihren Glanz, wenn bestimmte Personen sie tragen, andere schwächen die Aura des Betreffenden, weil sie in sich gebrochen, unrein oder von den Schwingungen der Vorbesitzer aufgeladen sind.

»Es ist darum gar nicht so leicht, einen Stein zu finden, mit dem wir uns so anfreunden können und der so gut zu unserer eigenen Schwingung paßt, daß er sozusagen ein Teil unseres Selbst wird. Dann, aber nur dann, ist auf eine ›magische‹ Hilfe durch Edelsteine im Sinne der Antike zu hoffen. Und schließlich kann der beste Stein nichts nützen, wenn der Träger körperlich, seelisch oder geistig krank oder zerrüttet ist.« Das war noch ein Zitat von Johannes Vehlow (a.a.O.). Der deutsche klassische Dichter Johann Wolfgang von Goethe schrieb in seinen *Sprüchen in Reimen:*

Wär nicht das Auge sonnenhaft,
Die Sonne könnt es nie erblicken;
Läg nicht in uns des Gottes eigne Kraft,
Wie könnt uns Göttliches entzücken?

So ergeht es uns auch mit Kristallen und Edelsteinen. Nur dann, wenn wir bereits in uns eine Schwingung tragen, nur dann, wenn wir schon im Inneren für eine bestimmte Qualität offen sind, werden wir uns auch von einem Stein angesprochen oder angezogen fühlen, der die gleiche Qualität ausstrahlt.

Ein Kristall, Metall oder Mineral kann für uns nichts machen, was wir nicht potentiell in uns tragen oder zumindest suchen!

Letztlich sind die irdischen Juwelen, die das Licht der Sonne spiegeln, im spirituellen Sinn Symbol des inneren Edelsteins, der das Kostbarste ist, was wir besitzen – besser: was wir sind: die Seele, welche das Licht Gottes spiegelt.

Lassen wir die Beschäftigung mit den Wundern der edlen Steine und Kristalle zum Quell der Lebensfreude, der Harmonie und der Erinnerung an die höchste schöpferische Kraft werden, aus der wir alle leben!

Die wichtigsten Edelsteine, Mineralien und Metalle

(mit einer allgemeinen Beschreibung, Hinweisen zur körperlichen und seelischen Schwingung, der besonderen Bedeutung für Frauen, der Handhabung und einer persönlichen Affirmation)

Abalone

Allgemeine Beschreibung

Abalone ist eine Meeresschnecke; der Innenteil ihrer Schale bzw. ihres leicht spiralförmigen Gehäuses ist aus irisierend-schimmerndem Perlmutt. Man findet Abalone hauptsächlich in den warmen, tropischen Küstengegenden von Südamerika, Japan und China.

Körperliche Schwingung

Abalone fördert Ihre Verdauung und regt Ihre Herzenergie an. Außerdem beschleunigt sie Ihren Muskelaufbau.

Seelische Schwingung

Die Schwingung der Abalone verleiht Ihnen etwas Wertvolles, Glänzendes, und gleichzeitig gibt sie Ihrem Leben eine ganz besondere Bedeutung, eine neue schöne Aufgabe, die es zu erfüllen gilt.

Spezielle Bedeutung für Frauen

Sollten Sie Probleme im Leben haben, die sich auf Ihr Herz auswirken, so ist die Abalone auf geistiger Ebene eine sehr gute Unterstützung und Hilfe. Sie erfahren Klärung.

Handhabung

Legen Sie die Abalone an einen für Sie besonderen Platz, an einen Platz, der etwas Magisches und Schönes für Sie persönlich bedeutet. Ein sonniges Plätzchen ist sehr empfehlenswert.

Persönliche Affirmation

Ich bin ein wertvoller und ganz besonderer Mensch und habe sehr viel Freude am Leben.

Achat

Allgemeine Beschreibung

Der Achat ist ein Halbedelstein, der in vielen Teilen der Welt zu finden ist. Die Achatnamen richten sich nach ihrer Erscheinung oder ihrem Fundort. Es gibt z. B. den Baumachat, den weißen Achat, den Moosachat und den Feuerachat. Achat gehört zur Gruppe der Chalcedone. Seine Farben sind hellblau, schwarz, braun, beige und rosa.

Körperliche Schwingung

Achat beruhigt die Nerven bei Streßsituationen. Er hilft Ihnen, wieder Bezug zur Realität zu bekommen, und erdet Sie bei Ihren Entscheidungen.

Seelische Schwingung

Der Achat wirkt harmonisierend und hat die Eigenschaft, Sie dabei zu unterstützen, Ihre Emotionen zu akzeptieren. Er löst seelische Spannungen auf und hilft, die Mitte zu finden. Er gilt auch als »Sorgenstein«.

Spezielle Bedeutung für Frauen

Besonders für Männer geeignet, die Schwierigkeiten haben, ihre Gefühle zu zeigen und ihnen freien Lauf zu lassen. Er wirkt unterstützend auf die Fähigkeit, Gefühle zu akzeptieren. Schenken Sie Ihrem Herzensmann also einen Achatring oder Achat-Manschettenknöpfe.

Handhabung

Manche Heiler empfehlen, bei Organstörungen den Achat auf das betreffende Organ zu legen. Bei seelischen Beschwerden macht es Sinn, sich auf seine Schwingung einzustellen, z. B. durch Blickkontakt. Je heller und reiner die Farbe, desto besser ist die Wirkung.

Persönliche Affirmation

Ich akzeptiere meine derzeitige Lebenssituation und die damit verbundenen Gefühle, weil ich weiß, daß diese Probleme vorübergehend sind und neue schöne Dinge auf mich zukommen.

Alabaster

Allgemeine Beschreibung

In Griechenland pflegte man kostbare Salböle und Parfums in Alabastren aufzubewahren. Dies zeigt, welchen Wert dieser Gipsart beigemessen wurde. Es ist eine hell durchscheinende, weißliche, feinkristallinische Gipsart, die für Statuen, Vasen und eben Öl- und Parfumkaraffen benutzt wurde. Manche Alabasterarten sehen aus wie Marmor.

Körperliche Schwingung

Alabaster hat eine reinigende Wirkung.

Seelische Schwingung

Durch seine weiße unschuldige Farbe weist er Sie darauf hin, daß nicht Sie allein an allen Problemen schuld sind, sondern immer zwei dazu gehören.

Spezielle Bedeutung für Frauen

Er unterstützt Sie dabei, Ihre enormen Schuldgefühle loszulassen, indem er Ihnen vermittelt, daß Sie alles reinen Herzens und Gewissens unternommen haben, um Ihre jetzige Krise zu bewältigen.

Handhabung

Dient zu Aufbewahrung von Schmuck oder Parfums. Auch können Sie Briefe oder sonstige mit der Krise in Verbindung stehende Dinge darin aufheben.

Persönliche Affirmation

Ich erkenne, daß ich alles getan habe, was in meiner Macht steht, und daß sich alles zum Guten wendet.

Amazonit

Allgemeine Beschreibung

Der Amazonit ist ein undurchsichtiger grüner bis blaugrüner Kalifeldspat. Seine Fundorte sind Brasilien, Rußland und die Vereinigten Staaten.

Körperliche Schwingung

Der Amazonit hilft Ihnen, Ihren persönlichen Ausdruck zu stärken und zu unterstützen. Er stabilisiert Geist und Nerven und aktiviert Ihr Ich.

Seelische Schwingung

Der Amazonit regt Ihre Lebensenergie an und hilft Ihnen, mit Ihrer ursprünglichen Kraft wieder in Kontakt zu kommen.

Spezielle Bedeutung für Frauen

Er fördert Vertrauen in Ihre Intuition. Für Frauen, die künstlerisch tätig sind, und besonders für Frauen, die guter Hoffnung sind.

Handhabung

Heilpraktiker empfehlen, den Stein bei Verspannungen auf die jeweilige schmerzende Stelle zu legen. Gelegentlich mit Wasser reinigen.

Persönliche Affirmation

Ich lasse Dinge los und vertraue der kosmischen Kraft und meiner Intuition.

Amethyst

Allgemeine Beschreibung

Der Amethyst ist ein violetter Halbedelstein, der in die Gruppe der Quarze gehört. Das Wort stammt aus den vorgriechischen Mittelmeerkulturen. Er ist ein Stein der Weisheit und Güte. Seine Fundorte sind Brasilien, Kanada, Sri Lanka und Ostafrika.

Körperliche Schwingung

Der Amethyst ist ein besonders heilender Stein. Hilft, geschäftliche Angelegenheiten erfolgreich abzuschließen. Er trägt dazu bei, Streß und Probleme besser verarbeiten zu können. Heilpraktiker meinen, daß er den Allgemeinzustand stärkt und Alpträume und Schlaflosigkeit lindert.

Seelische Schwingung

Entwickelt Intuition und hilft bei Meditation und Konzentration. Er unterstützt den Fortschritt der spirituellen Entwicklung.

Spezielle Bedeutung für Frauen

Sie erkennen, daß Sie mehr als nur Körper und Geist sind. Sie entdecken auch, daß es eine höhere Kraft gibt, die Sie lenkt und beständig für Sie da ist.

Handhabung

Legen Sie den Amethyst in die Nähe des Platzes Ihrer Meditation. Sollten Sie an Schlaflosigkeit leiden, dann legen Sie ihn in die Nähe Ihres Schlafplatzes. Er ist ein beliebter Schmuckstein.

Persönliche Affirmation

Ich erkenne, daß es eine höhere Kraft gibt, die, wenn ich offen und empfänglich bin, mich in allen Lebenssituationen unterstützt und mich schneller an mein Ziel bringt.

Ametrin

Allgemeine Beschreibung

Der Ametrin ist ein Kristallquarz, dessen Farben Gelb und Violett sich in ihm klar unterscheiden. Er ist sehr außergewöhnlich und erst seit einigen Jahren bekannt.

Körperliche Schwingung

Der Ametrin wirkt beruhigend auf Ihr Nervensystem und bringt Ihren Stoffwechsel ins Gleichgewicht.

Seelische Schwingung

Der Ametrin unterstützt Ihren Optimismus und Ihre Freude am Leben. Er wirkt stabilisierend.

Spezielle Bedeutung für Frauen

Der Ametrin bringt Klarheit in Ihr Leben und löst innere Spannungen auf. Auch eignet er sich zur Meditation und zur inneren Einkehr.

Handhabung

Tip: Legen Sie den Ametrin ab und zu in die Sonne. Dies hilft zur Aufladung seiner Kraft. Ab und zu unter fließendes Wasser halten.

Persönliche Affirmation

Meine persönliche Wahrnehmungsfähigkeit stärkt sich, und ich sehe viele Dinge klarer als zuvor.

Apatit

Allgemeine Beschreibung

Durch seine vielfarbige Erscheinung, blau, grün, gelb und violett, wird er meist mit anderen Mineralien und Edelsteinen verwechselt, zum Beispiel mit dem Aquamarin oder dem Fluorit. Seine Fundorte sind Nordamerika, Mexiko, Norwegen, Rußland und Sri Lanka.

Körperliche Schwingung

Heilpraktiker meinen, daß der Apatit das Muskelgewebe stärkt und die motorischen Fähigkeiten unterstützt. Auch wirkt er appetitanregend.

Seelische Schwingung

Stein der Zukunft. Stellt man sich auf seine Schwingung ein, bringt er Klärung in einer mentalen Verwirrung. Er hilft, Lustlosigkeit zu überwinden. Fördert Kontaktfreudigkeit und Offenheit.

Spezielle Bedeutung für Frauen

Dieser Halbedelstein hilft, mit schwierigen Menschen oder problematischen Situationen auf liebevolle und kreative Weise umzugehen.

Handhabung

Er besitzt eine enorme Kraft, daher ist bereits ein kleiner Stein sehr wirksam. Er eignet sich als Schmuck, insbesondere als Ohrring.

Persönliche Affirmation

Ich öffne mich für die Liebe und bin bereit für eine Klärung meines Problems.

Aquamarin

Allgemeine Beschreibung

Der Aquamarin ist ein wasserhell leuchtender Beryll mit meergrünem oder bläulichem Untergrund, ähnlich dem Smaragd. Er ist ein Stein mit einer sehr kräftigen Schwingung.

Körperliche Schwingung

Der Aquamarin vermittelt Ihnen Kraft, Dinge in Angriff zu nehmen. Er stärkt Ihre Herztätigkeit, wenn sie aufgrund Ihrer Emotionen zu sehr angestrengt wurde. Seine Schwingung verleiht Ihnen Selbstvertrauen.

Seelische Schwingung

Der Aquamarin hat die Fähigkeit, Klarheit in Ihre Gedanken zu bringen. Er löst Verwirrungen auf und bringt Sie an die Ursache Ihres Problems. Er steigert die Empfänglichkeit für Eindrücke und bei medialen Menschen mit gut gestelltem Mond die Sensibilität. Auch ist er ein exzellenter Meditationsstein.

Spezielle Bedeutung für Frauen

Durch diesen Stein erkennen Sie Ihre eigene Willenskraft und erfahren mehr Vertrauen zu sich selbst. Sie erleben sich als ein Individuum, das sein Leben selbst in die Hand nehmen kann. Sie erkennen Ihre Unabhängigkeit und Ihren Weitblick.

Handhabung

Der Aquamarin ist ein Stein mit einer sehr kräftigen Schwingung und eignet sich gut als Schmuck. Auch ist er sehr schön anzusehen und deshalb ein geeigneter Schmuck für Ihre Wohnung. Es ist ratsam, ihn an einen sonnigen Platz zu stellen. Am stärksten ist er in der lichtblauen Färbung.

Persönliche Affirmation

Durch meine Klarheit erfahre ich, was wirkliche Liebe ist.

Aventurin

Allgemeine Beschreibung

Der Aventurin ist eine Quarzart, die meist rötlich-braun, auch weiß, gelb, blau und grün ist. Er erhält durch eisenoxydgefüllte Sprünge Goldschimmer. Seine Hauptfundorte sind Rußland, Brasilien, Australien, Indien und Nepal.

Körperliche Schwingung

Besondere Hilfestellung bietet der Aventurin bei Hautproblemen. Er wirkt sich günstig auf Ihre Thymusdrüse, Ihr Nervensystem und Ihre geistige Klarheit aus.

Seelische Schwingung

Seine Schwingung schafft Glück in Liebesangelegenheiten. Auch fördert er Ihre Originalität und Kreativität.

Spezielle Bedeutung für Frauen

Der Aventurin wird Ihre Fähigkeit, mit Dingen des Herzens und der Liebe umzugehen, positiv beeinflussen und selbstsichere Offenheit stärken. Damit verbunden verleiht Ihnen seine Schwingung Heiterkeit, Gelassenheit und Freude.

Handhabung

Ab und zu unter fließendes Wasser halten und gelegentlich in der Sonne aufladen. Eignet sich, um ihn zusammen mit dem Malachit und dem Aventurin zu tragen.

Persönliche Affirmation

Ich spüre, wie meine Kreativität und Originalität in meinem Leben immer mehr Platz einnimmt.

Azurit

Allgemeine Beschreibung

Der Azurit ist ein dunkelblauer Stein, und seine Oberfläche ist brüchig, rauh und grob. Gewöhnlich findet man ihn zusammen mit dem Malachit. Seine Fundorte sind Rußland, Australien, Frankreich, Namibia und die Vereinigten Staaten.

Körperliche Schwingung

Der Azurit ist ein sehr beruhigender Stein. Er hilft bei Wutausbrüchen und Ärgernissen. Er löst Spannungen.

Seelische Schwingung

Der Azurit hat die Eigenschaft, Sie dabei zu unterstützen, Altes loszulassen und sich neuen Aufgaben zu stellen. Sie finden die Mitte und sind besser zentriert. Er hilft Ihnen, Ihr eigenes Potential zu entdecken.

Spezielle Bedeutung für Frauen

Der Azurit stärkt Ihr Selbstvertrauen und unterstützt Sie in Ihren medialen Fähigkeiten. Seine Schwingung wirkt unterstützend bei der Meditation.

Handhabung

Nicht in Kontakt mit Wasser bringen, da der Azurit sehr spröde und brüchig ist; auch nicht in die Sonne stellen.

Persönliche Affirmation

Ich erkenne meine medialen Fähigkeiten und begebe mich auf die Reise in eine neue Welt.

Bergkristall

Allgemeine Beschreibung

Der Bergkristall ist die reinste Quarzart. Er ist ein farbloser, ausdrucksstarker und kräftiger Stein. Seine Fundorte sind weltweit.

Körperliche Schwingung

Seine starke Schwingung schafft es, Energieblockaden aufzulösen. Er wirkt fiebersenkend und schmerzlindernd. Er fördert den Heilungsprozeß bei Schwellungen, Durchfall und Unwohlsein.

Seelische Schwingung

Der Bergkristall stärkt Ihre Entscheidungskraft, da seine Schwingung Klarheit und Kraft bewirkt. Sollten Sie Fähigkeiten zum Hellsehen haben, dann wirkt der Bergkristall fördernd. Er läßt bereits verlorengegangene Talente und Fähigkeiten wieder zum Vorschein kommen.

Spezielle Bedeutung für Frauen

Der Bergkristall unterstützt Sie bei unangenehmen Entscheidungen. Dies könnte zum Beispiel eine Entscheidung sein, die Ihr Leben gravierend verändert und die Sie schon lange herbeigesehnt haben. Nun fehlt Ihnen nur noch die Kraft zum letzten Schritt, und die kann der Bergkristall Ihnen geben.

Handhabung

Als Schmuck in der Nähe des Herzchakras tragen; Sonnenlicht ist empfehlenswert; eine gute Ergänzung zu anderen Steinen. Auch zur kombinierten Kristall-Farbtherapie geeignet (siehe auch Hinweis auf Farbhandlampe im Anhang).

Persönliche Affirmation

Mein Leben schlägt eine völlig andere Richtung ein, und ich bin offen dafür, weil ich weiß, daß ich genügend Kraft besitze.

Bernstein

Allgemeine Beschreibung

Der Bernstein ist bekanntlich kein Stein, sondern Harz von Nadelbäumen früherer Erdepochen. Er besitzt eine klare goldbraune Farbe, vergleichbar mit dunklem Honig. Bernstein wurde schon in der Steinzeit als Schmuck getragen und weithin exportiert. Seine Hauptfundorte sind Rußland, Polen und die Dominikanische Republik.

Körperliche Schwingung

Bernstein ist bekannt als *Heilstein*. Er hat gute Auswirkungen auf das Gehirn, die Lungen, die Schilddrüse, die Milz, das Drüsensystem, das innere Ohr. Seine Schwingung wirkt beruhigend und erdverbindend.

Seelische Schwingung

Der Bernstein bringt Sie auf den Boden der Tatsachen zurück und läßt Sie die Dinge realitätsbezogen sehen. Er macht es möglich, sich zu erden und die Probleme aus einer anderen Betrachtungsweise zu erleben.

Spezielle Bedeutung für Frauen

Sie erkennen das Wesentliche in Ihrem Leben und lassen sich nicht mehr so leicht aus Ihrem Gleichgewicht bringen. Dadurch lernen Sie, selbstbewußter durchs Leben zu gehen.

Handhabung

Als Schmuck auf dem Markt erhältlich, er zählt zu den teureren Steinen. Reinigung unter fließendem Wasser, nicht ins Sonnenlicht legen. Direkt am Körper tragen. Achtung: Bernstein wird oft imitiert.

Persönliche Affirmation

Ich sehe die Dinge gelassener und erkenne, daß es eine höhere Kraft gibt, die alles lenkt.

Beryll

Allgemeine Beschreibung

Der eigentliche Beryll ist ein grüner Edelstein. Aus Beryll stammt das deutsche Wort *Brille*. Beryllarten sind: Aquamarin (meergrüner bzw. blauer Beryll), Chrysoberyll (gelbgrün, gelb, braun), Morganit (rosa), Smaragd (grün). Seine Herkunftsländer sind Rußland, Indien und die Vereinigten Staaten.

Körperliche Schwingung

Heilpraktiker meinen, daß der Beryll anregend und beruhigend auf die Verdauung wirkt und das allgemeine Abwehrsystem stärkt.

Seelische Schwingung

Erhöht Ihr Bewußtsein bezüglich göttlicher Dinge. Verbessert und klärt die persönliche Einschätzung und hilft Ihnen, das Streben nach unwichtigen Dingen zu beenden. Er begünstigt Streßabbau und beruhigt Ihre Nerven.

Spezielle Bedeutung für Frauen

Heiltherapeuten setzen ihn oft bei Regelschmerzen ein. Auch soll er Sie während einer Schwangerschaft körperlich und ausgleichend unterstützen. Er weckt die eingeschlafene Liebe verheirateter Ehepaare.

Handhabung

Der Beryll eignet sich, direkt am Körper getragen zu werden. Gelegentlich unter fließendes Wasser halten und an der Sonne aufladen. Schwer im Handel erhältlich.

Persönliche Affirmation

Ich öffne mich für die allumfassende göttliche Kraft.

Blutstein

Allgemeine Beschreibung

Man nennt den Blutstein auch »Heliotrop«, griechisch für »Sonnenwender«. Den Namen Blutstein erhielt er wegen seiner roten Punkte. Er gehört in die Gruppe der Chalcedone, seine Fundorte sind Australien, Brasilien, China, Indien und die Vereinigten Staaten.

Körperliche Schwingung

Es wird ihm nachgesagt, daß er das Blut reinigt und einen harmonischen Blutfluß bewirkt.

Seelische Schwingung

Der Blutstein unterstützt Sie dabei, negative Schwingungen fernzuhalten. Es fällt Ihnen leichter, sich abzugrenzen und Ihren Zielen nachzugehen. Er steigert Ihren Mut und hilft Ihnen, gefährliche Situationen zu vermeiden.

Spezielle Bedeutung für Frauen

Der Blutstein hilft, Ihre Gefühle und Emotionen unter Kontrolle zu halten und Ihr Bewußtsein zu erweitern sowie sich dabei auf das Wesentliche zu konzentrieren. Seine Schwingung läßt Sie erkennen, daß Sie die Probleme anderer Menschen zu den eigenen gemacht haben. Er unterstützt Sie dabei, sich zu erden.

Handhabung

Der Blutstein ist als Schmuck sehr beliebt, gelegentlich unter fließendes Wasser halten und an der Sonne aufladen.

Persönliche Affirmation

Ich lasse nicht zu, daß negative Kraft mein Leben beherrscht. Ich grenze mich von den Problemen anderer ab, ohne dabei hartherzig zu sein.

Boji-Stein

Allgemeine Beschreibung

Der Boji-Stein ist ein grau-braun-schwarzes Mineral, das als Kugelpyrit im Schlamm eines früheren Meeresbodens entstanden und später an der Erdoberfläche verwittert ist. Die derzeit gängigen Boji-Steine kommen aus den USA.

Körperliche Schwingung

Der Boji-Stein hilft Ihnen, körperliche Blockaden zu lösen, und bringt damit Ihren Energiefluß wieder in Schwung.

Seelische Schwingung

Der Boji-Stein setzt Emotionen frei. Dadurch kann es sein, daß Sie mit Ihren Schattenseiten in Berührung kommen.

Spezielle Bedeutung für Frauen

Löst alte Verhaltensmuster aus frühester Kindheit. Somit können Sie ein befreiteres und vielleicht glücklicheres Leben führen.

Handhabung

Im Handel als Rohstein und Schmuckstein erhältlich. Auch als Handschmeichler gut zu verwenden.

Persönliche Affirmation

Ich bin bereit, meine Blockaden abzulegen und mich auf den Fluß des Lebens einzulassen.

Calcit

Allgemeine Beschreibung

Der Calcit ist ein häufig vorkommendes Mineral bzw. Kristall, der aus kalkhaltigen Lösungen entsteht. Es gibt ihn in den Farbtönungen Weiß, Grau, Schwarz, Grün, Gelb, Blau, Braun und Rot.

Körperliche Schwingung

Er reinigt und stärkt Organe, Knochen und Gelenke. Er hilft Ihnen zur Überwindung von Antriebslosigkeit. Stärkt Sie in Streßsituationen und bewahrt Sie vor Erschöpfung.

Seelische Schwingung

Seine Schwingung wirkt unterstützend, um an das Positive im Leben zu glauben. Er bestärkt Sie, Ihre Kreativität in die Tat umzusetzen.

Spezielle Bedeutung für Frauen

Calcit schärft Ihre mentale Klarheit und unterstützt Ihr Gedächtnis; er macht Sie aufnahmefähiger für Informationen und hilft Ihnen, aus Problemen Chancen zu machen. Gibt Ihrem Kind, falls notwendig, eine Unterstützung für seine Entwicklung.

Handhabung

Als Essenz ist die Wirkung von Calcit massiver. Ansonsten direkt am Körper tragen.

Persönliche Affirmation

Ich lebe meine Kreativität in vollen Zügen und bin dabei erfolgreich und selbstbewußt.

Chalcedon

Allgemeine Beschreibung

Der Chalcedon ist Hauptbestandteil vieler Halbedelsteine. Der Edelstein Chalcedon ist lichtgefärbt, weiß, grau, braun und durchsichtig. Siehe auch Karneol und Sarder.

Körperliche Schwingung

Er unterstützt bei Verletzungen; Therapeuten meinen, daß er blutstillend wirkt und den Heilungsprozeß beschleunigt. Besonders eignet sich der Chalcedon für Frauen in den Wechseljahren.

Seelische Schwingung

Der Chalcedon überwindet Ihre Ängste und Unsicherheiten im Umgang mit anderen Menschen. Auch öffnet er Ihnen eine völlig andere Sichtweise Ihres Lebens.

Spezielle Bedeutung für Frauen

Der Chalcedon wird als Stein der Kommunikation gesehen. Er unterstützt Sie dabei, klar und deutlich im Ausdruck zu sein. Seine Schwingung beflügelt Ihre Kontaktfreudigkeit und macht Sie zu einem interessanten Gesprächspartner. Außerdem gibt er Ihnen die Kraft für Ihre Selbstverwirklichung.

Handhabung

Als Schmuckstein im Zimmer. Therapeuten schlagen vor, ihn direkt am Körper auf die verletzten Stellen aufzulegen.

Persönliche Affirmation

Ich gehe offen und vorbehaltlos auf meine Mitmenschen zu und erfahre so, was wirklicher Austausch und Begegnung für mich bedeuten.

Chrysoberyll

Allgemeine Beschreibung

Der Chrysoberyll, vom griechischen *chrysos*, heißt Gold und wird nur wegen seiner Farbe *Goldstein* genannt. Seine Farbe ist zwischen Hellgelbgrün, Gelb und Braun.

Körperliche Schwingung

Der Chrysoberyll hat die Eigenschaft, entgiftend und heilend zu wirken.

Seelische Schwingung

Der Chrysoberyll macht es Ihnen einfacher, Freunden, Familienmitgliedern oder Bekannten zu vergeben. Er unterstützt Sie dabei, Ihre geistige Größe zu entwickeln, und verleiht Ihrem Leben einen neuen Weitblick.

Spezielle Bedeutung für Frauen

Seine Schwingung bewirkt, daß Sie noch mehr als sonst auf Ihre innere Stimme hören. Auch rate ich Ihnen, eine Woche lang Ihren Körper zu beobachten und auf seine Signale zu achten. Er fördert Ihre Intuition.

Handhabung

Am Körper zu tragen.

Persönliche Affirmation

Ich öffne mich für die Größe des Universums und erlebe, wie diese Kraft Einfluß auf mein Leben hat.

Chrysopras

Allgemeine Beschreibung

Der Chrysopras ist ein sehr ästhetischer Stein. Seine apfelgrüne oder goldene Farbe unterscheidet ihn wesentlich von allen anderen Edelsteinen. Er gehört zur Familie der Chalcedone.

Körperliche Schwingung

Therapeuten meinen, daß er besonders bei Gicht wirkt (Hildegard von Bingen). Seine Heilkraft erweist bei Wut- und Zornausbrüchen einen besonders guten Dienst.

Seelische Schwingung

Unterstützt Sie bei Ihren Zielen, ohne ein Gefühl der Angst in bezug auf die Zukunft aufkommen zu lassen. Wirkt ausgleichend und besänftigend.

Spezielle Bedeutung für Frauen

Seine Schwingung vermittelt Schönheit, Glanz und Exklusivität. Er stärkt Ihr Vertrauen zu sich selbst. Dieser Stein regt Ihre sexuelle Aktivität an und bringt Sie in Einklang mit Ihrem Körper. Er unterstützt Sie bei Ihrer Fähigkeit zu lieben und bringt Sie in einen Zustand der Harmonie und des Friedens. Auch ist er sehr hilfreich in einer unglücklichen Liebesbeziehung.

Handhabung

Der Chrysopras ist ein eher selten vorkommender Stein, daher auch seine Exklusivität und sein vergleichsweise höherer Preis. Als Schmuck anwendbar.

Persönliche Affirmation

Mein Leben ist etwas ganz Besonderes und Einzigartiges, ich genieße jeden Tag in vollen Zügen.

Citrin

Allgemeine Beschreibung

Der Citrin ist ein weingelber und manchmal auch grün- oder gold-gelber Quarz. Dieser Quarz darf nicht, wie manche Edelsteinschlei-fer es tun, *Topas* genannt werden, sondern Quarztopas oder besser eben Citrin (auch »Zitrin« geschrieben). Hauptfundorte sind Spani-en, Brasilien, die Vereinigten Staaten und Rußland.

Körperliche Schwingung

Der Citrin bringt Ihren Stoffwechsel wieder in Schwung. Er wirkt heilend bei Depressionen, Unlust, Trägheit oder Antriebslosigkeit. Ihre sonnigen und lebensbejahenden Gefühle kommen wieder an die Oberfläche Ihres Lebens.

Seelische Schwingung

Seine Schwingung bringt Ihnen Lebensfreude und neuen Elan für die Verfolgung Ihrer Lebensziele. Er hilft Ihnen, sich nicht von be-drückenden und traurigen Stimmungen vereinnahmen zu lassen und sich davon abzugrenzen.

Spezielle Bedeutung für Frauen

Gibt Wärme, vor allem bei Frauen, die an Kälte leiden und ständig kalte Hände oder Füße haben.

Handhabung

Vorzugsweise am Körper zu tragen. Selten und teuer.

Persönliche Affirmation

Meine innere Sonne beginnt zu leuchten und zu strahlen, und sie gibt mir die Kraft, mich selbst auszudrücken.

Diamant

Allgemeine Beschreibung

Der Diamant ist der härteste und edelste Stein, er ist der *König der Steine*. Abgesehen von einzelnen angeblich Unglück bringenden Diamanten mit romantischer Geschichte – wobei aber die Habsucht der Menschen sicher mehr Unglück schuf als die Steine selbst – gilt der Diamant als äußerst wohltätig.

Körperliche Schwingung

Der Diamant hat die Eigenschaft, Veränderungen, die Sie schon lange hinausgezögert haben, zu beschleunigen. Er wirkt dabei stark unterstützend und verleiht Ihnen Kraft und Mut.

Seelische Schwingung

Der Diamant fördert Ihr Interesse an spirituellen Dingen. Läßt wesentliche Faktoren bewußt werden, zum Beispiel, daß es eine allumfassende Wahrheit und eine höhere Kraft gibt, die Sie lenkt und beschützt. So ist er ein Schutz gegen seelische Störungen und die Haßstrahlung von Feinden und Neidern und erhöht die Fähigkeit zu schöpferischem Schaffen.

Spezielle Bedeutung für Frauen

Der schöne Glanz des Diamanten vermittelt Ihnen Willenskraft und Mut, Ihr Leben nicht mehr länger einfach dahinfließen zu lassen, sondern bewußt in der Gegenwart zu leben und die Zukunft aktiv zu planen. Hildegard von Bingen empfiehlt, bei Heißhunger den Stein für längere Zeit in den Mund zu nehmen.

Handhabung

Der Diamant ist einer der teuersten Edelsteine, besonders im geschliffenen Zustand. Am besten direkt am Körper tragen und gelegentlich in der Sonne aufladen.

Persönliche Affirmation

Ich habe den Mut, mich für meine bevorstehende Lebensveränderung zu öffnen, weil ich weiß, daß es eine höhere Kraft gibt, die mich dabei unterstützt.

Dioptas

Allgemeine Beschreibung

Der Dioptas ist ein tiefgrüner Kupfersmaragd. Er ist ein sehr zerbrechliches Kristall.

Körperliche Schwingung

Der Dioptas macht es möglich, die Gesamtzusammenhänge zu erkennen. Er hilft Ihnen, sehr alte Wunden ans Tageslicht kommen zu lassen; es könnte sich dabei um eine Seelenwunde handeln, also um ein tiefes Leiden, dessen Muster sich mehrere Leben lang wiederholen.

Seelische Schwingung

Man erkennt, welche Rolle Menschen, die einem in diesem Leben sehr nahestehen, im letzten Leben gespielt haben könnten. Heilstein für tiefe Seelenwunden aus früheren Leben.

Spezielle Bedeutung für Frauen

Der Dioptas hilft Ihnen, Ihre Muster zu erkennen. Dies kann sein, daß Sie feststellen, daß Sie bei Ihrer persönlichen Partnerwahl immer ähnliche Männer anziehen, mit ähnlichen Problemen. Es kann sein, daß hier immer die gleichen Verhaltensmuster ablaufen. Es gilt nun, diese zu erkennen, und damit haben Sie das Problem schon fast gelöst. Er unterstützt auch Ihren Sinn für Schönheit.

Handhabung

Es empfiehlt sich, den Dioptas als Meditationsstein anzuwenden oder ihn als Schmuck aufzustellen. Zum Tragen ist er nicht geeignet, da er sehr zerbrechlich ist.

Persönliche Affirmation

Ich erkenne, daß mein Leben eine noch viel schönere und harmonische Richtung einschlägt.

Dolomit

Allgemeine Beschreibung

Der Dolomit ist ein rotes, braunes und weißes Calcium-Magnesium-Carbonat. Er besitzt eine körnige Masse. Seine Hauptfundorte sind Österreich, die Schweiz und Brasilien.

Körperliche Schwingung

Die Schwingung des Dolomits löst Spannungen und Verkrampfungen. Er beruhigt Ihre Nerven und wirkt stabilisierend auf Ihr Nervensystem.

Seelische Schwingung

Die Schwingung des Dolomits fördert und stärkt Ihre Selbstverwirklichung. Gleichzeitig wirkt er ausgleichend und besänftigend.

Spezielle Bedeutung für Frauen

Die Schwingung des Dolomits gibt Ihnen neuen Mut und Kraft, Ihre Selbstverwirklichung zu leben.

Handhabung

Der Dolomit kann als Schmuck getragen oder im Zimmer aufgestellt werden. Zur Reinigung unter fließendes Wasser halten.

Persönliche Affirmation

Ich lasse alles Alte los, denn ich erkenne den inneren Reichtum.

Eisen (Magneteisenstein, Stahl)

Allgemeine Beschreibung

Eisen ist ein silbrig-graues, verhältnismäßig weiches Metall. Eisen kommt selten in gediegenem Zustand vor (z. B. in Meteoren), sondern hauptsächlich als Magneteisenstein, Roteisenstein, Spateisenstein und Eisenkies.

Körperliche Schwingung

Die Schwingung des Eisens wirkt sich sehr günstig auf Blutkreislauf, -reinigung und -bildung aus. Bei Blutarmut wird Eisen oft in Urform, homöopathisch oder als Zellsalz verordnet.

Seelische Schwingung

Die Schwingung des Eisens hilft Ihnen, einen mentalen und emotionalen Ausgleich zu schaffen. Es verleiht Ihnen eine gewisse mentale und psychische Unverwundbarkeit.

Spezielle Bedeutung für Frauen

Bekanntlich brauchen gerade Frauen viel Eisen, vor allem während und nach der Menstruation. Eisen *erdet,* baut eine sichere Basis und stärkt nicht nur körperlich, sondern auch auf der Ebene der Gefühle und Gedanken.

Handhabung

Eisen wird von feuchter Luft und kohlendioxidhaltigem Wasser angegriffen.

Persönliche Affirmation

Ich fühle mich frisch, vital und gestärkt.

Elfenbein

Der Handel mit Elfenbein sollte aus Gründen des Tier- und Arten-
schutzes vollkommen verboten werden. Sein möglicher Nutzen
steht in keinem Verhältnis zum (karmischen) Schaden, den wir
verursachen, wenn wir den Gebrauch von Elfenbein unterstützen.

Koralle

Korallen sollten vollkommen geschützt werden und nicht auf dem
Markt erscheinen. Diese Lebensform, die zwischen einer Pflanze
und einem Stein angesiedelt werden kann, ist vom Aussterben
bedroht. Außerdem wird durch die Gewinnung von Korallen sehr
viel in der wunderbaren Unterwasserwelt zerstört; es gibt dadurch
eine Gefährdung gewisser Fischarten, welche die Koralle als Futter
benötigen.

Quarz

Der Quarz ist ein sehr hartes, häufig vorkommendes und schwer
schmelzbares Mineral, welches durchsichtig-farblos ist. Durch
Spuren von Schwermetallen gefärbt, bildet Quarz viele Edel- und
Halbedelsteine, zum Beispiel Feuerstein, Saphirquarz, Citrin, Amethyst und Bergkristall. Seine Fundorte sind weltweit. (Siehe Bergkristall, Rauchquarz, Rosenquarz etc.)

Quecksilber

Quecksilber ist ein Metall, das im natürlichen Zustand in flüssiger
Form vorliegt. Es gehört astrologisch zum Planeten Merkur und
zum Tierkreiszeichen Zwilling. Da es im Regelfall hochgiftig wirkt,
rate ich davon ab, mit Quecksilber zu hantieren.

Feuerstein

Allgemeine Beschreibung

Der Feuerstein, auch Flint genannt, ist eine blaugraue oder braune
Quarz-Abart und gehört zu den ersten Steinen, die von der
Menschheit bearbeitet wurden. Seine Hauptfundorte sind Ägypten,
Rußland, Neuseeland und die Vereinigten Staaten.

Körperliche Schwingung

Die Schwingung des Feuersteins wirkt sich positiv auf unseren
Kreislauf, unser Nervensystem und unseren Hormonhaushalt aus.

Seelische Schwingung

Die Schwingung des Feuersteins hilft Ihnen, Ihre Beziehung zu
festigen und zu stärken. Sie gewinnen eine andere Sicht Ihrer täglichen Probleme. Sie werden ausgeglichen und stehen gewissen
Hürden gelassener gegenüber.

Spezielle Bedeutung für Frauen

Sie gewinnen an Selbstvertrauen und haben den Mut, sich mehr
spirituellen Themen zu widmen. Sie gewinnen mehr Vertrauen
zum Leben und erkennen den Sinn Ihres Daseins. Sie sehen Ihre
Ängste und Sorgen in einem anderen Licht.

Handhabung

Der Feuerstein ist als Schmuck, als Anhänger und als Handschmeichler am Markt erhältlich. Regelmäßig unter fließendes
Wasser halten und an der Sonne aufladen.

Persönliche Affirmation

Bei jedem Problem, das sich mir stellt, nutze ich die Chance, daran
zu wachsen und zu reifen.

Fluorit

Allgemeine Beschreibung
Der Fluorit gehört zur Gruppe der Flußspate, deren Farberscheinung rosa, blau, violett und klar ist.

Körperliche Schwingung
Die Schwingung des Fluorit unterstützt Ihre Gelenkigkeit und stärkt Ihren Knochenaufbau. Sollten Sie an Gelenkschmerzen leiden oder an extremen Verspannungen, so eignet sich der Fluorit wunderbar zur Linderung und Förderung der Heilung.

Seelische Schwingung
Die Schwingung des Fluorit löst Voreingenommenheiten gegenüber Menschen und Unternehmungen. Ihre persönlichen Begrenzungen fallen von Ihnen ab, und Sie gewinnen eine neue Betrachtungsweise.

Spezielle Bedeutung für Frauen
Sie erkennen, daß es nicht nur Schwarz und Weiß gibt, sondern auch viele weitere Möglichkeiten. Dadurch öffnet sich für Sie ein ungeheuer weiter Horizont, und Sie bemerken, daß das Leben noch vielfältiger ist, als Sie es bisher erlebt haben.

Handhabung
Entweder direkt am Körper tragen oder zur Inspiration und als *Lernhilfe* am Schreibtisch aufstellen.

Persönliche Affirmation
Ich bin bereit, mich für etwas Schöneres und Größeres in meinem Leben zu öffnen.

Gold

Allgemeine Beschreibung

Gold ist ein gelbrotes, weiches Edelmetall. Es gilt als das edelste und *königlichste* Metall. Hauptförderländer sind Südafrika, Kanada, Australien und Rußland.

Körperliche Schwingung

Die Schwingung des Goldes stabilisiert und harmonisiert Ihren Allgemeinzustand. Außerdem wirkt Gold sehr beruhigend. Sollten Sie an Schwellungen oder Blutergüssen leiden, so empfiehlt es sich, Gold direkt an der erkrankten Stelle aufzulegen.

Seelische Schwingung

Gold vermittelt Ihnen Sicherheit und Selbstwertgefühl.

Spezielle Bedeutung für Frauen

Schon der Anblick von Gold kann Ihnen Selbstvertrauen und Schönheit vermitteln. Vielen Frauen bringt Gold, direkt auf der Haut getragen, das Gefühl, angenommen und anerkannt zu sein.

Handhabung

Direkt am Körper tragen. Es eignet sich auch sehr gut als Schmuckstück. Ab und zu unter fließendes Wasser halten. Gold ist beständig gegenüber Luft und Säuren.

Persönliche Affirmation

Ich erkenne die Vielfalt und Schönheit des Lebens und strebe die höchsten Ziele und Werte an.

Granat

Allgemeine Beschreibung

Der Granat wird als *Krisenstein* bezeichnet. Er ist ein Halbedelstein, und seine Farben können sein: Rosa, Rot, Gelb, Orange,
Grün, Braun und Schwarz.

Körperliche Schwingung

Die Schwingung des Granats wirkt auf Ihren Organismus ausgleichend und stabilisierend. Bei lang andauernden Krankheiten
erhöht er Ihre Regenerationskraft.

Seelische Schwingung

Ist Ihre Lebenssituation noch so ausweglos, dunkel oder traurig,
die Schwingung des Granats hilft Ihnen, einen Weg aus einer vorübergehend existierenden Dunkelheit zu finden. Er schenkt Ihnen
neuen Lebensmut in besonders schwierigen Angelegenheiten.

Spezielle Bedeutung für Frauen

Die Schwingung des Granats verhilft Ihnen zu mehr Selbstvertrau-
en. Sie meistern problemlos die alltäglichen Anforderungen und
die unüblichen Herausforderungen. Sie gewinnen Selbstsicherheit
und Überzeugungskraft.

Handhabung

Der Granat kann als Schmuck oder als Rohstein im Zimmer aufgestellt werden. Zu empfehlen ist, ihn im direkten Hautkontakt zu
tragen.

Persönliche Affirmation

Ich stehe zu meinen Problemen, weil ich weiß, daß ich an jeder
Lösung der Probleme wachse und reife.

Hämatit

Allgemeine Beschreibung

Der Hämatit ist ein Eisenoxyd von stahlgrauer bis schwarzer Färbung mit lebhaftem Metallglanz.

Körperliche Schwingung

Die Schwingung des Hämatits wirkt blutstillend und blutbildend.

Seelische Schwingung

Die Schwingung des Hämatits regt Ihre Lebensfreude und Spontaneität an. Sie gewinnen wieder mehr an Tatkraft und Unternehmungsgeist.

Spezielle Bedeutung für Frauen

Der Hämatit ist bei Frauen mit starker Regelblutung von Vorteil. Sollten Sie Kinder haben, so fördert er, daß diese besser einschlafen und auch die Nacht durchschlafen können.

Handhabung

Man erhält den Hämatiten in allen Variationen – es gibt ein sehr vielfältiges Angebot. Er wird gerne als Schmuck getragen. Bitte halten Sie den Hämatit nicht unter Wasser, sondern legen Sie ihn zur Reinigung in trockenes Meersalz.

Persönliche Affirmation

Ich habe die Kraft und den Mut, mein Leben wieder lebendiger zu gestalten.

Herkimer

Allgemeine Beschreibung

Der Herkimer ist ein sehr seltener Quarzkristall, dessen Vorkommen sich auf den Staat New York in den USA beschränkt. Er wird dort auch *Herkimer Diamond* genannt.

Körperliche Schwingung

Der Herkimer bewirkt, daß Ihr Kreislauf wieder in Schwung kommt und Ihre Verdauung angeregt wird.

Seelische Schwingung

Die Schwingung des Herkimer erhöht unsere Offenheit und Aufnahmefähigkeit bezüglich spiritueller Themen. Er stärkt unsere Denkfähigkeit.

Spezielle Bedeutung für Frauen

Oft kommt es vor, daß man sich bei einem bestimmten Problem immer im Kreis bewegt. Der Herkimer hilft Ihnen, Verspannungen im Kopfbereich zu lösen, und schafft Klarheit und Besonnenheit. Sie sehen einen Ausweg aus dem scheinbaren Lebenslabyrinth.

Handhabung

Da der Herkimer ein sehr selten vorkommendes Kristall ist, ist sein Preis entsprechend hoch, man erhält ihn vorwiegend als Rohstein.

Persönliche Affirmation

Ich begegne dem Leben voller Zuversicht und Liebe.

Hyazinth

Allgemeine Beschreibung

Der Hyazinth ist eine gelbrote Varietät des Zirkons. In England, Frankreich und Spanien versteht man unter Hyazinth den Zirkon.

Körperliche Schwingung

Laut Hildegard von Bingen und ihrer Medizin hilft die Schwingung des Hyazinths bei Störungen des Augenlichts, zum Beispiel bei Schwellungen oder bei einem trüben Blick. Außerdem unterstützt er Sie bei psychosomatischen Allergien.

Seelische Schwingung

Die Schwingung des Hyazinths hilft Ihnen bei Depressionen und melancholischen Zuständen. Er wirkt aufbauend, klärend und harmonisierend.

Spezielle Bedeutung für Frauen

Die Schwingung des Hyazinths macht es möglich, daß Sie sich aus eigenem Antrieb und eigener Kraft aus Melancholie oder Depression wieder herausholen. Sie erleben wieder Klarheit und neue Tatkraft.

Handhabung

Sie können den Hyazinth als Schmuckstein tragen oder ihn als Rohstein im Zimmer aufstellen.

Persönliche Affirmation

Ich habe die Kraft und den Mut, dem Leben eine positive Betrachtungsweise zu geben.

Jade

Allgemeine Beschreibung

Der Jade wird als der *Traum-Stein* angesehen. Am häufigsten tritt Jade in der Farbe Grün auf, es gibt ihn aber auch in Violett. Er wird in China und in weiten Teilen Asiens als der *Glücksbringer* bezeichnet und ist deshalb dort besonders beliebt.

Körperliche Schwingung

Die Schwingung des Jadesteins regt Ihre Nierentätigkeit an und regelt damit den Wasserhaushalt. Geeignet für Fischefrauen, die ganz besonders für Wasseransammlungen in den Beinen prädestiniert sind.

Seelische Schwingung

Die Schwingung des Jadesteins macht es möglich, daß Sie sich sehr gut auf die Bedürfnisse anderer Menschen einstellen können. Er unterstützt Ihre Weisheit im Hinblick auf die Lösung von Problemen. Er regt Ihre Traumtätigkeit an.

Spezielle Bedeutung für Frauen

Sollten Sie Probleme mit Ihrer Empfängnis haben, gilt der Jade als der Stein, der mögliche Blockaden lösen kann. Sie fühlen sich entspannter, bereiter und offener. Besonders für Fischefrauen wirkt der Jadestein unterstützend, sich von den Problemen anderer Menschen abzugrenzen. Idealer Meditations- und Zentrierungsstein.

Handhabung

Der Jadestein kann entweder direkt am Körper getragen werden oder als Schmuck für Ihren Lieblingsplatz dienen oder für Ihre Meditation aufgestellt werden.

Persönliche Affirmation

Ich erkenne, daß die Probleme meiner Mitmenschen nicht meine Probleme sind.

Jaspis

Allgemeine Beschreibung

Der Jaspis gehört in die Familie der Quarze. Seine Farben können sein: Braun, Rot, Gelb, Grün, Blau und gebändert, undurchsichtig.

Körperliche Schwingung

Der grüne Jaspis soll entgiftend wirken. Der gelbe Jaspis stärkt Ihre Widerstandskraft. Der rote Jaspis aktiviert Ihre Energie. Der Rauchjaspis hilft, körperliche Verspannungen zu lindern.

Seelische Schwingung

Die Schwingung des Jaspis wirkt aufbauend und ermunternd. Der grüne Jaspis wirkt aufbauend. Der gelbe Jaspis bewirkt, daß Sie wieder Ihr Vertrauen in die Welt gewinnen. Der rote Jaspis stärkt Ausdauer und Beharrlichkeit. Der Rauchjaspis hilft, über eine eng begrenzte Perspektive hinauszugehen.

Spezielle Bedeutung für Frauen

Die Schwingung des Jaspis unterstützt Ihre Durchsetzungskraft und läßt Sie Dinge mit einer gewissen Nüchternheit betrachten. Angeblich soll er Sie während Ihrer Schwangerschaft kräftigen.

Handhabung

Der Jaspis eignet sich sehr gut als Schmuckstein und sollte, wenn möglich, im direkten Hautkontakt getragen werden.

Persönliche Affirmation

Ich erkenne meine persönliche Stärke und erlebe, wie ich mich im Alltag besser durchsetzen kann.

Karneol

Allgemeine Beschreibung

Der Karneol ist eine Abart des blutroten bis gelben und weißen Chalcedons. Er ist auch etwas durchscheinend. Im Altertum war er als Siegelstein sehr geschätzt. Siehe auch Sarder.

Körperliche Schwingung

Die Schwingung des Karneols regt Verdauung und Blutkreislauf an. Sie verarbeiten alle wichtige Bestandteile Ihrer täglichen Nahrungszufuhr besser und schneller. Er lindert Blähungen.

Seelische Schwingung

Die Schwingung des Karneols wirkt sehr erdend. Er bringt Sie bei verwirrenden Gedanken wieder auf den Boden der Realität zurück, was besonders für Wasser- und Luftzeichen wichtig ist. Er unterstützt Sie in Ihrem Durchhaltevermögen und Ihrer Standfestigkeit.

Spezielle Bedeutung für Frauen

Besonders für Frauen geeignet, die ihre eigene Mitte und Zentriertheit suchen. Er wirkt stabilisierend, realitätsverbindend und ausgleichend. Der Karneol ist auch gut während der Schwangerschaft einzusetzen.

Handhabung

Den Karneol kann man direkt am Körper tragen oder einfach als Schmuckstein im Zimmer aufstellen.

Persönliche Affirmation

Ich genieße meine Standfestigkeit und Zentriertheit und ruhe in mir selbst.

Kupfer

Allgemeine Beschreibung

Kupfer ist ein rotfarbiges, ziemlich hartes, zähes und dehnbares Metall. Es gilt als das *Liebesmetall*. Seine Hauptfundorte sind die Vereinigten Staaten, Chile und Katanga.

Körperliche Schwingung

Kupfer in homöopathischer Form regt die Libido an. Kupfer aktiviert die Lebenskräfte.

Seelische Schwingung

Kupfer fördert den Ausgleich zwischen introvertierter Reserve und extrovertiertem Selbstvertrauen. Kupfer soll eine gute Wirkung auf Menschen haben, die dazu neigen, manchmal hysterisch zu reagieren.

Spezielle Bedeutung für Frauen

Kupfer gilt als eine exzellente Hilfe, um die Fähigkeit zu entwickeln, die wahren Gefühle zu akzeptieren und auszudrücken. Sie gewinnen wieder mehr Vertrauen in sich selbst.

Handhabung

Kupfer kann direkt am Körper getragen oder aufgelegt werden und eignet sich auch als Schmuck. Bitte nicht in Kontakt mit Wasser bringen. Am besten sollte eine auf oder an der Haut getragene Kupferoberfläche mit einem Naturharz versiegelt werden, um nicht anzulaufen und die Haut grünlich zu färben.

Persönliche Affirmation

Ich akzeptiere meine Gefühle und habe den Mut, sie auch auszudrücken.

Lapis Lazuli

Allgemeine Beschreibung

Der Lapis Lazuli ist ein Lazurstein, der in Ägypten als *Stein der Herrscher* bezeichnet wurde. Seine Farbe ist ein sehr auffallend kräftiges Blau, er ist undurchsichtig.

Körperliche Schwingung

Die Schwingung des Lapis Lazuli soll Ihnen gesunden Schlaf schenken. Außerdem vertreibt er Melancholie und senkt Fieber.

Seelische Schwingung

Der Lapis Lazuli ist ein Stein mit einer höheren, geistigen Schwingung, der sich sehr gut für die Meditation eignet. Er fördert Klarheit und Aufrichtigkeit. Er unterstützt aber auch Ihre Konfliktfähigkeit.

Spezielle Bedeutung für Frauen

Die Schwingung des Lapis Lazuli macht es möglich, daß Sie sich von Ihren unterdrückten Aggressionen und Ihrem angestauten Ärger befreien. Sie gewinnen dadurch an Selbstvertrauen. Man sagt auch, daß er Erfolg in Liebesangelegenheiten bringt.

Handhabung

Der Lapis Lazuli ist ein beliebter Schmuckstein, vor allem mit Gold oder Bergkristall; er kann auch direkt am Körper getragen werden.

Persönliche Affirmation

Ich lasse zu, daß sich Klarheit in meinen Gedanken ausbreitet.

Malachit

Allgemeine Beschreibung

Gewöhnlich findet man den Malachit in Verbindung mit dem Azurit. Seine Farberscheinung bewegt sich von Hellgrün bis Dunkelgrün. Die Oberfläche ist oft dunkel bis schwarz.

Körperliche Schwingung

Der Malachit soll Ihnen bei Krankheiten helfen, die aufgrund von mentalen Problemen verursacht werden. Er soll dazu beitragen, unsere unbewußten Ängste zu lindern.

Seelische Schwingung

Die Schwingung des Malachits unterstützt Ihre Auffassungsgabe. Er soll Ihnen helfen, Informationen besser und schneller aufzunehmen. Er fördert Ihre Wahrnehmung, Ihre Kritikfähigkeit und Ihre Visualisierung.

Spezielle Bedeutung für Frauen

Die Schwingung des Malachits kann Ihre Heilfähigkeiten an die Oberfläche bringen. Besonders soll der Malachit Sie bei Menstruationsbeschwerden unterstützen und außerdem Geburten erleichtern. Er eignet sich besonders als Talisman für Ihre Kinder.

Handhabung

Tip: Tragen Sie den Malachit als Ring an Ihrer linken Hand. Malachit ist auch als Essenz erhältlich, allerdings bitte Vorsicht bei der Dosierung.

Persönliche Affirmation

Ich stehe zu meinen Ängsten und Sorgen, weil ich weiß, daß sie eines Tages nicht mehr wichtig für mich sein werden.

Marmor

Allgemeine Beschreibung

Der Wortstamm Marmor kommt aus dem griechischen *marmaros* und bedeutet *weißer Stein*. Seine Farben können Schattierungen von Weiß, Braun, Gelb, Rot, Grün, Grau und Schwarz annehmen. Herkunftsländer sind Italien, Griechenland und die Vereinigten Staaten.

Körperliche Schwingung

Die Schwingung des Marmors soll reinigend wirken, insbesondere für Blut und Haut.

Seelische Schwingung

Die Schwingung des Marmors gibt Ihnen neuen Schwung, schon lang anstehende Dinge oder Erledigungen in Angriff zu nehmen. Er soll auch die Eigenschaft haben, lang unterdrückte Sehnsüchte an die Oberfläche zu bringen.

Spezielle Bedeutung für Frauen

Die Schwingung des Marmors unterstützt Sie dabei, Ihre lang ersehnten Lebenswünsche in Erinnerung zu bringen, und ermutigt Sie dabei, sie auch auszuleben. So spüren Sie ein neues und wunderbares Lebensgefühl, das Ihnen den Alltag versüßt.

Handhabung

Marmor eignet sich auch dazu, ihn am Körper zu tragen! Am bekanntesten ist seine Verwendung natürlich in der Architektur. Marmor eignet sich auch als Schmuckstück in der Wohnung, z. B. als Pyramide oder Tischplatte.

Persönliche Affirmation

Ich bin bereit, meine unerfüllten Sehnsüchte sichtbar zu leben.

Moldavit

Allgemeine Beschreibung

Der Moldavit ist ein olivgrüner, glasartiger, tropfenähnlicher und korkengroßer Stein, der im Gebiet der Moldau zu Schmuck verarbeitet wird. Man nimmt an, daß es sich beim Moldavit um Mondlava handelt, die bei den sehr großen Ausbrüchen der einst tätigen Mondkrater so weit in den Weltraum geschleudert wurde, daß sie aus dem Kraftfeld des Mondes in das der Erde gelangte.

Körperliche Schwingung

Die Schwingung des Moldavits soll Heilungsprozesse jeder Art beschleunigen. Dem Moldavit wird eine enorme Heilkraft zugeschrieben. Er hilft Ihnen, Zusammenhänge Ihrer Krankheit zu erkennen.

Seelische Schwingung

Die Schwingung des Moldavits soll die telepathische Kommunikation ermöglichen und eine Öffnung für den Kosmos bewirken. Sie werden empfänglicher, und damit verstärkt sich auch Ihr Einfühlungsvermögen.

Spezielle Bedeutung für Frauen

Sie erkennen, daß es eine kosmische Kraft gibt, die sehr großen Einfluß auf unser Leben hat. Ihnen wird bewußt, daß es ein höheres Bewußtsein gibt, und Sie werden dafür empfänglicher.

Handhabung

Der Moldavit besitzt eine starke Schwingung, daher genügt es, ihn einfach bei sich zu tragen, z. B. in einer Tasche. Auch eignet er sich als Anhänger; Sie erhalten ihn auch als Rohstein auf dem Markt.

Persönliche Affirmation

Ich akzeptiere, daß es eine kosmische Kraft gibt, die alles lenkt und es gut mit mir meint.

Mondstein

Allgemeine Beschreibung

Der Mondstein ist ein farbloser, stark durchscheinender Kalifeldspat (ein *Orthoklas)*. Sein milchiger Lichtschein unterscheidet ihn vom *Adular,* einem sehr ähnlichen Stein, der jedoch kein Licht reflektiert. Der Mondstein kommt in Sri Lanka, Australien und Brasilien vor.

Körperliche Schwingung

Die Schwingung des Mondsteins soll die Fruchtbarkeit stärken. Er wirkt ausgleichend und stabilisierend auf Ihren Hormonhaushalt. Sollten Sie an Menstruationsbeschwerden oder unregelmäßigen Zyklen leiden, so kann er lindernd und balancierend wirken.

Seelische Schwingung

Die Schwingung des Mondsteins soll förderlich sein für Ihre Intuition. Er bestärkt Sie, auf Ihre Intuition zu achten und auch danach zu leben. Dadurch gewinnen Sie mehr Gefühlstiefe. Außerdem lindert er eine etwaige Mondsüchtigkeit.

Spezielle Bedeutung für Frauen

Der Mondstein ist ein sehr femininer Stein, er soll Ihre Weiblichkeit noch mehr betonen. Er soll auch Ihre medialen Fähigkeiten steigern. Er gilt als ein Talisman für Glück.

Handhabung

Der Mondstein kann direkt am Körper getragen werden, er eignet sich auch zum Auflegen auf die Stirn zwischen den Augenbrauen am sogenannten dritten Auge.

Persönliche Affirmation

Ich bin offen und bereit, auf meine Intuition noch mehr zu hören, denn ich weiß, daß ich damit noch mehr Lebensglück erfahre.

Obsidian

Allgemeine Beschreibung

Der Obsidian wird auch Glasachat genannt. Er ist ein glasiger Vulkanstein, dessen Farben Schwarz, Braun und Grün sind. Der häufigste Obsidian ist der *Schneeflocken-Obsidian,* es gibt auch den Rauch- und den Mahagoni-Obsidian. Seine Herkunftsländer sind Italien, Griechenland, Mexiko und die Vereinigten Staaten.

Körperliche Schwingung

Sollten Sie ständig an kalten Füßen und Händen leiden, so ist der Obsidian dazu geeignet, Ihre Durchblutung zu fördern und Wärme zu spenden. Er lindert Verspannungen, Schmerzen und Gefäßverengungen.

Seelische Schwingung

Die Schwingung des Obsidians soll Ihnen neue Lebenskraft und Energie geben. Er ist hilfreich, vielleicht vorhandene innere Blockaden zu lösen und Ängste zu lindern. Damit erkennen Sie, welche Veränderungen für Sie gut wären. Er regt Reisewünsche an.

Spezielle Bedeutung für Frauen

Der Obsidian läßt Sie Ihre *Fehler* deutlich erkennen und zeigt Ihnen, welche Veränderung dringend notwendig ist. Er lenkt Ihre Aufmerksamkeit auf innere Werte und Visionen und schützt Sie vor negativen Schwingungen. Er ist ein äußerst beschützender Stein, besonders für sehr sensible Menschen. Der Obsidian kann Ihnen auch helfen, von einer alten Beziehung loszukommen.

Handhabung

Am besten ist es, ihn direkt auf die erkalteten Stellen am Körper aufzulegen, z. B. 15 Minuten lang die Fußsohlen mit dem Stein zu massieren. Er ist auch als Schmuck im Handel erhältlich.

Persönliche Affirmation

Ich habe den Mut und die Kraft, mich meiner lang ersehnten Veränderung zu stellen.

Onyx

Allgemeine Beschreibung

Der Onyx ist eine Abart des Chalcedons mit einer hellen und einer dunklen Schicht. Seine Herkunftsländer sind Italien, die Vereinigten Staaten und Mexiko. Die Schattierung und das Muster des Onyx lassen leicht annehmen, daß er ein Bild in sich trägt oder sogar eine Geschichte erzählt.

Körperliche Schwingung

Die Schwingung des Onyx soll Ihre Zähne und Knochen stärken. Er soll Sie bei melancholischen und depressiven Stimmungen unterstützen und Ihnen die Kraft geben, das Leben aus einer anderen Sicht betrachten zu können.

Seelische Schwingung

Der Onyx ist bekannt als ein äußerst »kraftvoller Stein«. Er ist gut geeignet für Menschen, die Extremsport betreiben oder für diejenigen, die unter sehr starkem mentalen und emotionalen Streß stehen. Er gibt ihnen dabei die nötige Balance für Geist und Körper.

Spezielle Bedeutung für Frauen

Der Onyx gibt Ihnen neue Kraft, falls Sie unter Unbeständigkeit, Gedankenlosigkeit und Zerstreutheit leiden. Er kann für Menschen mit starken Ängsten und Sorgen von Vorteil sein.

Handhabung

Sie sollten den Onyx immer an Ihrer linken Körperseite tragen. Hildegard von Bingen empfiehlt, Onyx als Kette, Armband oder Amulett bei sich zu tragen oder oft zu betrachten.

Persönliche Affirmation

Ich lasse all meine Ängste und Sorgen los und überlasse sie der kosmischen Kraft oder Gott.

Opal

Allgemeine Beschreibung

Der Opal ist ein edler, wasserheller, weißer und oft von einem prächtigen *opalisierenden* Farbspiel geprägter Stein. Der Feueropal ist rot. Der Opal galt im Mittelalter als »Unglücksstein«, die Inder allerdings sehen ihn als Träger dauernder Glückseligkeit.

Körperliche Schwingung

Die Schwingung des Opals soll Augenleiden heilen. Er wirkt allgemein gesundheitsfördernd.

Seelische Schwingung

Man sagt, wenn man vom Opal träumt, wird man ein hohes Einkommen erhalten. Auch soll er Ihr Bewußtsein und Ihre Lebensfreude erhöhen und verbessern.

Spezielle Bedeutung für Frauen

Er wirkt unterstützend für Ihre Kreativität und bringt verborgene Potentiale ans Tageslicht. Er hilft Ihnen, das Leben von der heiteren Seite zu betrachten, und steigert Ihr Bedürfnis nach Abwechslung in der Erotik.

Handhabung

Personen mit schwieriger Mond- oder Neptunstellung im Horoskop sollten ihn nicht tragen, da sie ohnehin schon eine übersteigerte Imagination besitzen. Bitte beachten Sie, daß der Opal ein sehr, sehr sensitiver Stein ist, daher sollte man ihn außerordentlich sanft behandeln. Bitte tragen Sie ihn am kleinen Finger, so weit wie möglich vom Körper entfernt. Auch sollte er nicht von Teenagern getragen werden oder mit anderen Steinen gleichzeitig.

Persönliche Affirmation

Ich genieße mein Leben in vollen Zügen.

Peridot

Allgemeine Beschreibung

Den Peridot findet man auch unter dem Namen Chrysolith oder Olivin. Peridot ist die französische Bezeichnung des edlen Olivin. Der Name Chrysolith, vom griechischen *chrysos, Gold,* und *lithos, Stein,* ist in Deutschland die übliche Bezeichnung des edlen gelbgrünen bis olivgrünen Olivin.

Körperliche Schwingung

Die Schwingung des Peridot soll die Leber- und Gallentätigkeit anregen und den Stoffwechsel stimulieren.

Seelische Schwingung

Die Schwingung des Peridot soll Sie erkennen lassen, wo Sie in Ihrem Leben fremdbestimmt sind. Dadurch erfahren Sie Gelassenheit und gleichzeitig ein neues Lebensgefühl.

Spezielle Bedeutung für Frauen

Er soll Ihnen helfen, Ihre vermeintlichen Schuldgefühle, Minderwertigkeitskomplexe und Selbstvorwürfe zu lindern. Er unterstützt Sie dabei, Ihre vielleicht durcheinandergeratenen Emotionen wieder zu ordnen.

Handhabung

Der Peridot ist als Rohstein im Handel erhältlich, er kann als Schmuck getragen werden. Die größte Wirkung erzielt man, wenn man ihn im Hautkontakt trägt.

Persönliche Affirmation

Ich gewinne Vertrauen in meine Persönlichkeit.

Perle

Allgemeine Beschreibung

Perlen sind Perlmuttgebilde, die von der Perlmuschel rings um eingedrungene Fremdstoffe oder Schmarotzer abgeschieden werden. Sie erscheinen in den Farben Blau, Grau und sogar Schwarz. Die meisten Perlen, die heutzutage erhältlich sind, stammen aus einer künstlich angelegten Salzwasserumgebung aus Japan. In freier Natur entstehen sie aufgrund der Wasserverschmutzung nur noch sehr selten.

Körperliche Schwingung

Die Schwingung der Perlen kann Ihren Streß reduzieren und daraus resultierende Krankheiten lindern, wie erhöhten Blutdruck, Kopfschmerzen und Erschöpfung.

Seelische Schwingung

Die Perle verkörpert Reinheit, Schönheit und Tugend. Perlen geben Ihnen einen Hauch von etwas Besonderem und fördern Ihre Intuition.

Spezielle Bedeutung für Frauen

Perlen bedeuten Tränen – aber nur, wenn eine schöne Frau sie n i c h t bekommt, sagt der Frauenkenner. Perlen wirken für Frauen sehr harmonisierend, vor allem für schwangere Frauen. Perlen eignen sich auch besonders für Künstler und Chiropraktiker.

Handhabung

Daß Perlen, in Schmuckkästchen aufbewahrt, ihren Glanz verlieren, ist kein Märchen. Sie müssen auf der Haut getragen werden, um den Glanz zu behalten, bedürfen also der Aufladung mit menschlichem Od. Perlen absorbieren Ihre momentanen Gefühle und Stimmungen so lange, bis Sie sie in Salzwasser wieder *entladen,* daher ist bei ihrer Handhabung Vorsicht geboten.

Persönliche Affirmation

Mein Leben gewinnt nach und nach an Schönheit und Freude.

Platin

Allgemeine Beschreibung

Das Platin ist ein silbriges, seltenes und deshalb kostbares Metall, das auch in der Medizin Verwendung findet. Seine Fundorte sind Deutschland, Brasilien und Nordamerika.

Körperliche Schwingung

Die Schwingung des Platins soll Ihnen helfen, Ihren Hormonhaushalt auszugleichen und Ihre Blutzirkulation anzuregen. Auch soll es Ihr Erinnerungsvermögen stärken.

Seelische Schwingung

Platin ist günstig für Menschen, die ein übermäßig experimentierfreudiges Leben führen, das manchmal für sie vielleicht nicht mehr kontrollierbar ist. So hilft ihnen die Schwingung des Platins, Extrementwicklungen zu verlangsamen und damit steuerbarer zu machen.

Spezielle Bedeutung für Frauen

Hilft Ihnen, sich vor überschwenglichen Gefühlsausbrüchen und deren Folgen zu schützen. Sie erfahren somit eine größere Stabilität und Erdung.

Handhabung

Platin wird als Schmuck verwendet, am besten tragen Sie ihn am Ringfinger oder am kleinen Finger.

Persönliche Affirmation

Ich lerne, mich zu stabilisieren und zu erden.

Prasem

Allgemeine Beschreibung

Der Prasem ist ein lauchgrüner durchscheinender Quarz, man nennt ihn auch Smaragdquarz. Seine Fundorte sind Deutschland, Finnland und Schottland.

Körperliche Schwingung

Die Schwingung des Prasems soll nach der Hildegard-Medizin eine schmerzstillende Wirkung haben und fiebersenkend sein. Auch lindert und kühlt er Ihre Schmerzen und Schwellungen bei Sonnenstich, Sonnenbrand oder Hitzschlag.

Seelische Schwingung

Die Schwingung des Prasems wirkt beruhigend für Menschen, die an Zorn- und Wutausbrüchen leiden und hektisch und nervös sind. Somit verlieren Sie nicht so leicht die Kontrolle über sich selbst.

Spezielle Bedeutung für Frauen

Der Prasem hilft Ihnen, in Ihren Gefühlen ausgeglichener und in Ihren Urteilen neutraler zu werden. Sie gewinnen an Stabilität und an Bewußtheit.

Handhabung

Er eignet sich gut, um ihn direkt am Körper zu tragen. Sollten Sie ihn für die Linderung von Schwellungen und Schmerzen verwenden, so empfehle ich Ihnen, ihn vorher ein wenig zu erwärmen.

Persönliche Affirmation

Ich habe das Recht, ein ausgeglichener und fröhlicher Mensch zu sein.

Pyrit

Allgemeine Beschreibung

Der Pyrit ist mineralisiertes Kristall, das ähnliche Molekülwürfel wie Metalle bildet. Seine Farbe reicht von einem leuchtenden Gold zu Kupfertönungen und Grün. Da Pyrit in der Sonne golden glitzert, wurde es von manchen nichtsahnenden Goldwäschern mit dem Edelmetall verwechselt, nach dem sie suchten. Daher nennt man Pyrit in Amerika auch *das Gold der Narren.*

Körperliche Schwingung

Die Schwingung des Pyrits soll bei Bronchitis hilfreich sein. Er löst Ihre Atemwege und erleichtert dadurch Ihre Atmung. Er wirkt auch sehr unterstützend für Durchblutung und Atmung der Haut.

Seelische Schwingung

Die Schwingung des Pyrits soll einen Ausgleich zwischen Ihrer Kreativität und Ihrer Intuition schaffen. Er fördert Kommunikationsfähigkeit und befreit Sie von Ängsten und Frustrationen.

Spezielle Bedeutung für Frauen

Der Pyrit soll die Eigenschaft haben, alte Erinnerungen bezüglich Freundschaften und Liebesaffären wieder in Ihren Sinn kommen zu lassen.

Handhabung

Der Pyrit sollte nicht am Körper getragen werden, denn er hat die Eigenschaft, schwarzes Eisensulfid abzusondern. Somit kann er Ihre Haut reizen und Flecken in Ihrer Kleidung verursachen. Besser ist es, ihn sichtbar an einem schönen Ort in Ihrem Zimmer aufzustellen.

Persönliche Affirmation

Ich erinnere mich gerne an meine Vergangenheit, doch lebe ich noch bewußter in der Gegenwart.

Rauchquarz

Allgemeine Beschreibung

Der Rauchquarz gehört in die Gruppe der Bergkristalle. Seine Farbe geht von Mittelbraun zu Dunkelbraun; Hauptfundorte sind Brasilien, Schottland und die Vereinigten Staaten.

Körperliche Schwingung

Die Schwingung des Rauchquarzes soll Sie vor Strahleneinflüssen schützen (z. B. bei elektromagnetischen Feldern, Strahlentherapie, aber auch bei schädlichen Umwelteinflüssen). Er soll auch Ihr Nervensystem und Ihr Herz stärken.

Seelische Schwingung

Die Schwingung des Rauchquarzes hilft Ihnen, sich vor negativen Einflüssen zu schützen und sie gegebenenfalls zu neutralisieren. Sollten Sie unter Streß stehen, so hilft seine Schwingung, sich mehr zu entspannen und die Dinge gelassener zu nehmen.

Spezielle Bedeutung für Frauen

Für Frauen bringt die Schwingung des Rauchquarzes mehr Lebensfreude und Lebensantrieb in ihren Alltag. Sie erlaubt eine größere Belastbarkeit. Der Rauchquarz ist auch für Ihre tägliche Meditation geeignet.

Handhabung

Um eine noch bessere Wirkung zu erzielen, trägt man den Rauchquarz direkt am Körper, z. B. als Kette. Sollten Sie an Schmerzen leiden, so empfiehlt es sich, ihn auf die schmerzenden Stellen aufzulegen. Zur Pflege unter fließendes Wasser halten und gelegentlich an der Sonne aufladen.

Persönliche Affirmation

Ich gewinne von Tag zu Tag mehr an Lebensfreude, Spaß und Energie und werde so zu einem glücklicheren Menschen.

Rhodochrosit

Allgemeine Beschreibung

Der Rhodochrosit ist ein Manganspat, dessen Farbe schattiertes Orange oder Rosa mit streifenartigem Weiß ist. Sein Name kommt aus griechisch *rhodon* und heißt die Rose. Die Hauptfundorte sind Deutschland, die Vereinigten Staaten und die ehemalige Sowjetunion.

Körperliche Schwingung

Die Schwingung des Rhodochrosits soll für Menschen mit Asthma oder anderen Krankheiten der Atemwege unterstützend wirken. Er wirkt auch anregend auf Ihren Kreislauf.

Seelische Schwingung

Die Schwingung des Rhodochrosits hilft, irrationale Ängste zu lindern. Er hilft Ihnen, Ihre Probleme nicht so negativ zu sehen. Er unterstützt Ihre Traumtätigkeit und verbessert Ihren Schlaf.

Spezielle Bedeutung für Frauen

Der Rhodochrosit ist von der Schönheit seiner Farben her ein gerade für Frauen sehr prachtvoller Stein. Er soll Ihre Liebestätigkeit anregen und hilft, Ihnen Ihre Ängste vor oder in einer Partnerschaft oder Ehe zu nehmen – somit gewinnen Sie wieder mehr Vertrauen in das Potential der Liebe.

Handhabung

Der Rhodochrosit eignet sich sehr gut als Schmuck, besonders in Form einer Kette. Allerdings möchte ich Sie darauf hinweisen, daß er ein etwas teurerer Stein ist.

Persönliche Affirmation

Ich lasse meine Ängste und Sorgen los und gewinne so mehr an Abstand, Klarheit und Lebenserfahrung.

Rhodonit

Allgemeine Beschreibung

Der Rhodonit heiß auf griechisch *rhodon*, dies bedeutet Rose. Damit ist er auch dem oben beschriebenen Rhodochrosit ähnlich. Seine Farben können Rosa, Rot und Braun sein. Hauptfundorte sind Kanada, Brasilien, Indien, Japan und die GUS.

Körperliche Schwingung

Die Schwingung des Rhodonits soll für Ihr Knochenwachstum, speziell nach Knochenbrüchen, sehr hilfreich sein. Er fördert Gehör und Hörfähigkeit, besonders zu empfehlen für Menschen, die viel mit Musik zu tun haben oder Musiker sind.

Seelische Schwingung

Die Schwingung des Rhodonits kann für traumatische Zustände, bei Verwirrung und zur Stärkung Ihres Urvertrauens von Nutzen sein. Sollten Sie einen Schock erlitten haben oder wissen, daß ein unangenehmes Ereignis bevorsteht, so wenden Sie ihn bitte sofort nach dem Schock an oder unmittelbar vor dem unangenehmen Ereignis, z. B. dem Zahnarztbesuch.

Spezielle Bedeutung für Frauen

Die Schwingung des Rhodonits soll Ihre Fruchtbarkeit fördern. Auch unterstützt er Ihre Entschlußfreudigkeit. Falls Sie z. B. ein sehr unangenehmes Gespräch lange hinausschieben, so stärkt Sie der Rhodonit in Ihrem Entschluß, es nun »anzupacken«. Er bringt auch unausgelebte Potentiale ans Tageslicht und wirkt so hilfreich für Ihre Selbstverwirklichung.

Handhabung

Der Rhodonit ist als Rohstein und als Schmuck erhältlich, besonders als Kette. Zur Entladung ab und zu unter fließendes Wasser halten und in die Sonne legen.

Persönliche Affirmation

Ich habe den Mut, unangenehme Angelegenheiten sofort zu erledigen.

Rosenquarz

Allgemeine Beschreibung

Der Rosenquarz ist ein sehr hartes, häufig vorkommendes und schwer schmelzbares Mineral. Diesen sehr schön aussehenden, durchsichtig rosafarbigen Stein findet man in den Vereinigten Staaten, Brasilien und Japan. Er gilt als der beste *Fruchtbarkeitsstein.*

Körperliche Schwingung

Die Schwingung des Rosenquarzes hilft Ihnen, Herz- und Blutkreislauf in Schwung zu halten, und wirkt reinigend für alle Organe.

Seelische Schwingung

Die Schwingung des Rosenquarzes soll Ihnen mehr Selbstwertgefühl, Selbstliebe und Offenheit verleihen. Sie spüren mehr Einfühlungsvermögen für Ihre Mitmenschen, und Ihre Herzenskraft und Hilfsbereitschaft weiten sich aus. Besonderen Anklang findet der Rosenquarz als Hilfe bei Liebesangelegenheiten.

Spezielle Bedeutung für Frauen

Die Schwingung des Rosenquarzes öffnet Sie für die Schönheit von Kunst, Musik und Literatur. Er belebt Ihre Phantasie und Vorstellungskraft und erhöht Ihre Fruchtbarkeit, auch die geistige. Für Kinder wirkt er sich sehr günstig für die Entwicklung des Geistes aus.

Handhabung

Der Rosenquarz eignet sich ganz besonders für die Farb-Akupunktur (siehe auch Hinweis auf Farbhandlampe im Anhang). Er ist als Rohstein oder als Schmuck, z. B. als Halskette, erhältlich. Wenn man die Farb-Akupunktur durchführt, empfiehlt sich eine Bestrahlung in der Herzgegend.

Persönliche Affirmation

Meine Liebe und Achtung zu mir selbst wächst, und ich spüre, wie sich meine Lebensfreude sanft entfaltet.

Rubin

Allgemeine Beschreibung

Der Rubin ist ein feuerroter Edelstein, nicht zu verwechseln mit
dem dunkelroten Granat! Sein Name stammt aus dem Latei-
nischen, *ruber,* das heißt rot. Der echte Rubin wird durch Reiben
magnetisch. Seine Hauptfundorte sind Indien, Sri Lanka und die
Vereinigten Staaten.

Körperliche Schwingung

Seine Strahlung kräftigt Ihre Konstitution und Ihre Blutzirkulation
und läßt anstrengende Arbeit leichter ertragen. Der Rubin bringt
Wissen, Gesundheit, Wohlstand und spirituelle Weisheit.

Seelische Schwingung

Der Rubin ist ein Stein mit einer sehr kräftigen Schwingung, welche all Ihre Energien stärkt und Dinge in ein positives Licht rückt.
Er verbessert Ihren Erfolg bei Auseinandersetzungen und Streite-
reien.

Spezielle Bedeutung für Frauen

Der Rubin unterstützt Sie in allen Angelegenheiten der Liebe, ein-
schließlich der Liebe zu sich selbst. Er fördert ihre sexuelle Aktivität. Er hilft, Ihre Ziele zu erreichen, und stärkt Denken und Handeln.

Handhabung

In lichtdurchlässiger Kassette aufbewahrt, hält sich sein Feuer besser als im hellen Tageslicht. Es empfiehlt sich, den Rubin als Kette,
Anhänger oder Handschmeichler direkt am Körper zu tragen.

Persönliche Affirmation

Ich erlebe mich als ein Wesen voller Kraft und Energie.

Rutilquarz

Allgemeine Beschreibung

Der Rutilquarz wird auch als *Venushaar* bezeichnet, weil seine Beschaffenheit so aussieht, als würden viele kleine Haare darin eingeschlossen sein. Er besteht aus nadeligen Rutilkristallen, deren Farben klar, goldgelb und braun sind. Fundorte sind weltweit.

Körperliche Schwingung

Die Schwingung des Rutilquarzes regt Ihren Energiefluß an und löst Spannungen und Blockaden.

Seelische Schwingung

Die Schwingung des Rutilquarzes hilft Ihnen, Ihr persönliches Potential zu entwickeln, und unterstützt Sie dabei, Verantwortung zu übernehmen. Des weiteren hilft er dabei, Erinnerungen aus der Vergangenheit, welche Sie in diesem gegenwärtigen Leben belasten und behindern, zu verarbeiten und zu vergessen.

Spezielle Bedeutung für Frauen

Der Rutilquarz ist ein Vermittler in Ihrer Auseinandersetzung mit sich selbst und neutralisiert oder gleicht etwaige Gefühle der persönlichen Verachtung und Geringschätzung aus.

Handhabung

Der Rutilquarz eignet sich gut für Ihre Meditation, kann als Schmuckstück getragen oder auf verspannte Stellen am Körper aufgelegt werden.

Persönliche Affirmation

Ich achte und schätze meine eigene Persönlichkeit.

Saphir

Allgemeine Beschreibung

Der Saphir ist der Stein des Seelenfriedens. Man vergleicht ihn gern mit der Schönheit des Abendhimmels. Der Name kommt aus dem Sanskrit und bedeutet *dem Saturn zugehörig.* Seine Farben können sein: Grau, Schwarz, Gelb, Grün und Farblos. Hauptfundorte sind Sri Lanka, Thailand, Indien, Australien und die Vereinigten Staaten.

Körperliche Schwingung

Seine Schwingung hat Heilwirkung bei Herz- und Augenleiden, Nasenbluten und Vergiftungen. Er mildert Erregungszustände und läßt den/die TrägerIn sympathisch erscheinen.

Seelische Schwingung

Die Schwingung des Saphirs kann sehr hilfreich sein bei spiritueller Verwirrung, Depressionen, Problemen mit der Konzentration oder wenn Sie die Kontrolle über Ihre momentane Situation verloren haben. Er fördert den klaren Verstand.

Spezielle Bedeutung für Frauen

Die Schwingung des Saphirs bringt Sie mehr in Verbindung mit Ihrer persönlichen Wahrheit und hilft zu verstehen, welche Rolle Sie im Universum spielen sollen. Wenn Sie meditieren, kann der Saphir anregen und unterstützen, auch macht er Sie für intuitive Eingebungen aufnahmefähiger.

Handhabung

Luftdruckschwankungen klären bzw. trüben den Stein, wodurch er zum Wetteranzeiger wird. Dunkle Flecken, die bisweilen sein klares Blau bis in fahles Aschgrau verwandeln können, sind ein Warnsignal. Der Träger sollte dann auf die Gesundheit achten, denn möglicherweise zeigt der Stein nichts anderes an als die getrübte Strahlkraft seines Trägers. Der Saphir kann als Schmuck getragen oder aufgestellt werden.

Persönliche Affirmation

Ich erkenne die allumfassende Wahrheit und bin eins mit dem Universum.

Sarder

Allgemeine Beschreibung

Der Sarder ist ein rotbrauner Karneol. Er gehört in die Gruppe der Chalcedone. Seine Fundorte sind Indien und die Vereinigten Staaten.

Körperliche Schwingung

Von manchen Heilern wird er für die bessere Wundheilung und zur besseren Blutbildung empfohlen.

Seelische Schwingung

Seine Schwingung soll Ihnen Kühnheit, Kraft und Selbstbeherrschung verleihen.

Spezielle Bedeutung für Frauen

Die Schwingung des Sarders wirkt während Schwangerschaft und Geburt sehr unterstützend. Man sagt auch, daß der Sarder vor Beschwörungen und Hexerei beschützen soll.

Handhabung

Der Sarder ist als Anhänger und Handschmeichler auf dem Markt erhältlich. Es empfiehlt sich, ihn regelmäßig in der Sonne aufzuladen und ihn unter fließendes Wasser zu halten.

Persönliche Affirmation

Ich lasse alle meine Ängste und Zweifel los.

Sardonyx

Allgemeine Beschreibung

Der Sardonyx ist eine Kombination von Sarder und Onyx, beide gehören in die Familie der Chalcedone. Seine Farben können ein schattiertes Rot, Braun, Schwarz oder Weiß sein. Hauptfundorte sind Brasilien und Indien.

Körperliche Schwingung

Heiler meinen, daß die Schwingung des Sardonyx gute Auswirkungen auf Knochenaufbau und Lungen hat. Auch soll er Ihnen bei Depressionen und in Liebesangelegenheiten helfen.

Seelische Schwingung

Die Schwingung des Sardonyx zieht fast magnetisch gute Freunde und Glück an. Dieser Stein ermutigt Sie und fördert Ihre Selbstdisziplin.

Spezielle Bedeutung für Frauen

Die Schwingung des Sardonyx bringt Glück für die Ehe und Freude in Ihr Leben.

Handhabung

Achten Sie beim Tragen bitte auf die Auswahl der Farbe. Rot wirkt anregend, Braun erdend, Schwarz absorbierend und aufnehmend, Weiß reinigend. Die Farben schließen sich nicht gegenseitig aus, sondern können sich wunderbar ergänzen und ausgleichend wirken. Regelmäßig in der Sonne aufladen und unter fließendes Wasser halten.

Persönliche Affirmation

Ich lebe meine Selbstdisziplin und erkenne dadurch, daß mein Leben viel friedvoller und harmonischer abläuft.

Silber

Allgemeine Beschreibung

Silber ist ein weißglänzendes Edelmetall mit ausgeprägter Yin-Energie. Es ist nach Gold das dehnbarste Metall. Seine Hauptförderländer sind Mexiko, Peru, USA und Deutschland.

Körperliche Schwingung

Manche Heiler meinen, daß die Schwingung von Silber bei gelbsuchterkrankten Menschen den Heilprozeß fördert. Silber begünstigt Ihren Kreislauf und wirkt entgiftend.

Seelische Schwingung

Die Schwingung des Silbers wirkt sich besonders positiv auf die Kommunikation aus. Es erleichtert flüssige Redeweise und löst eventuelle Spannungen und Ängste bezüglich Ihrer Sprechweise auf. Für ein höher entwickeltes Kehlkopfchakra, das heißt für Menschen, die nur noch wenig aus Ihrem Ego kommunizieren.

Spezielle Bedeutung für Frauen

Silber löst Ängste und Blockaden in bezug auf notwendige Problemlösungen. Sie erlangen mentale Klarheit und haben den Mut, Ihren Schwierigkeiten ins Auge zu schauen.

Handhabung

Tragen Sie Silberringe immer auf Ihrer linken Hand, damit wird Ihre Energie besser geleitet. Sie können Silber z. B. in Kombination mit Achat, Mondstein und Türkis tragen.

Persönliche Affirmation

Ich akzeptiere meine Art und Weise der Kommunikation, weil ich weiß, daß sie vom Herzen kommt.

Smaragd

Allgemeine Beschreibung

Der Smaragd ist eine grüne Berylliumverbindung. Je leuchtender und glänzender er strahlt, desto wertvoller ist er. Seine Hauptfundorte sind Südafrika, Australien, Brasilien, Ural und die Vereinigten Staaten.

Körperliche Schwingung

Die Schwingung des Smaragds verbessert Ihr Sehvermögen und beschleunigt den Heilungsprozeß bei Entzündungen und Verbrennungen.

Seelische Schwingung

Der Smaragd ist ein Stein der Harmonie, Unschuld und Treue. Er verbessert Ihr Erinnerungsvermögen und Ihre mentale Kraft.

Spezielle Bedeutung für Frauen

Die Schwingung des Smaragds wirkt beruhigend auf Ihr Unterbewußtsein und begünstigt Vorahnungen und Träume, schützt aber vor schweren Träumen. Er fördert Ihr spirituelles Wachstum.

Handhabung

Der Smaragd kann als Schmuck getragen oder aufgelegt oder für Ihre Meditation verwendet werden. Halten Sie ihn regelmäßig unter fließendes Wasser, und legen Sie ihn in die Sonne. Auch als Edelsteinessenz erhältlich.

Persönliche Affirmation

Ich genieße meine spirituelle Entfaltung, weil ich offen bin für die Gotteskraft.

Sodalith

Allgemeine Beschreibung

Der Sodalith ist ein intensiv dunkelblauer, manchmal auch durchscheinender bis undurchsichtiger Stein, der von Kalkadern durchzogen wird. Er ist in der Farbe dem Lapis Lazuli ähnlich. Seine Hauptfundorte sind Brasilien, Nordamerika und Frankreich.

Körperliche Schwingung

Die Schwingung des Sodaliths regt Ihren Stoffwechsel an. Er reinigt Ihre Organe und stärkt Ihr Immunsystem.

Seelische Schwingung

Die Schwingung des Sodaliths kann eine starke Veränderung in Ihrer Geisteshaltung bewirken. Er hilft Ihnen, objektiver zu werden und nicht so kritisch bezüglich Ihrer Einstellung zum Leben zu sein.

Spezielle Bedeutung für Frauen

Sollten Sie beruflich mit Röntgenstrahlen zu tun haben, so gewährt Ihnen der Sodalith Schutz. Er unterstützt Sie, neue Freundschaften zu schließen und Ihre Gedanken zu vertiefen. Er ist eine gute Ergänzung für Akupunkturbehandlungen und ein wertvoller Impulsgeber für die Meditation.

Handhabung

Der Sodalith sollte längere Zeit direkt am Körper getragen werden. Er sollte regelmäßig unter fließendes Wasser gehalten und nur kurz an der Sonne aufgeladen werden.

Persönliche Affirmation

Ich genieße die Tiefe meiner Gedanken.

Sonnenstein

Allgemeine Beschreibung

Der Sonnenstein wird auch als Aventurin-Feldspat bezeichnet. Er
ist dem Aventurin in der Strahlung ähnlich, aber etwas schwächer.
Der Sonnenstein trägt seinen Namen wegen seines goldigen
Schimmers. Auf hellem Untergrund sieht man meist rote, seltener
grüne und blaue Lichtreflexe. Er kommt aus Schweden.

Körperliche Schwingung

Die Schwingung des Sonnensteins regeneriert Ihre Selbstheilungs-
kräfte und macht Sie widerstandsfähiger gegenüber Infektkrank-
heiten und Grippeviren.

Seelische Schwingung

Die Schwingung des Sonnensteins erhöht Ihre Stimmung und
wirkt antidepressiv. Er bringt mehr Elan und Antrieb in Ihr Leben.
Außerdem soll er Ihnen Glück bringen.

Spezielle Bedeutung für Frauen

Die Schwingung des Sonnensteins hilft Ihnen dabei, unabhängiger
und origineller zu werden. Sie gewinnen dadurch an Selbstwertgefühl und Sicherheit.

Handhabung

Der Sonnenstein ist als Schmuck erhältlich. Auch ist er für Ihre
Meditation geeignet. Reinigen Sie ihn regelmäßig, indem Sie ihn
unter fließendes Wasser halten und an der Sonne aufladen.

Persönliche Affirmation

Ich öffne mich für die Kraft Gottes und erfahre dadurch Liebe und
Kraft.

Sugilith

Allgemeine Beschreibung

Der Sugilith ist ein violetter Stein, durchzogen von Kalkadern. Er gehört in die Gruppe der Ring-Silikate. Seine Vorkommen sind Südafrika und Japan. Er ist ein sehr seltener Stein. Er ist einer der beliebtesten neuen *New-Age-Steine*.

Körperliche Schwingung

Die Schwingung des Sugiliths besitzt eine große Heilkraft. Er hilft Ihnen bei motorischen Störungen, Legasthenie und Verspannungen.

Seelische Schwingung

Seine Kraft macht Ihnen klar, daß ein großer Zusammenhang zwischen Ihrer Denkweise und Ihrer körperlichen Gesundheit besteht. Er unterstützt Sie bei Ihrer Meditation, und somit erleben Sie eine höhere Kraft, die Sie in ein bewußteres Leben führt.

Spezielle Bedeutung für Frauen

Der Sugilith gibt Ihnen die nötige Kraft, die Sie brauchen, um Ihren Standpunkt mitzuteilen, z. B. Vorgesetzten. Sie gewinnen an Stärke und Durchsetzungsvermögen und erreichen somit mehr Erfolg und Erfüllung.

Handhabung

Der Sugilith eignet sich sehr gut als Stein für Ihr Zimmer und auch zur Meditation. Er ist auch als Kette, Anhänger oder Handschmeichler im Handel erhältlich.

Persönliche Affirmation

Ich öffne mich für die Kraft des Universums und spüre, daß diese Kraft nur das Beste für mich will.

Tigerauge

Allgemeine Beschreibung

Das Tigerauge ist ein Quarzstein mit eingelagerten Limonit-Fasern. Daher rührt sein seidenartiger Schimmer. Seine Farbe ist Goldbraun; Fundorte sind Burma, Australien, Südafrika, Indien und die Vereinigten Staaten.

Körperliche Schwingung

Die Schwingung des Tigerauges hilft Ihnen bei Augenkrankheiten. Es wirkt schmerzlindernd, krampflösend und entzündungshemmend und stärkt Gelenke und Knochen.

Seelische Schwingung

Ihre eigenen Wünsche und Bedürfnisse und die Ihrer Mitmenschen werden Ihnen bewußter. Streßsituationen und Einflüsse von außen bringen Sie nicht mehr so schnell aus dem Gleichgewicht.

Spezielle Bedeutung für Frauen

Das Tigerauge vermindert Ihre Sturheit und Hartnäckigkeit und läßt Ihre Ideen realistisch werden. Auch stärkt es Ihr Selbstvertrauen.

Handhabung

Das Tigerauge sollte kontrolliert getragen werden, da es auf längere Sicht gesehen Ihren Energiefluß hemmen kann! Regelmäßig unter fließendes Wasser halten und an der Sonne aufladen.

Persönliche Affirmation

Ich habe den Mut, meine eigenen Bedürfnisse auszudrücken und danach zu leben.

Topas

Der Topas ist ein Aluminiumsilikat und -fluorid, dessen Hauptfarbe Gelb ist, daneben gibt es noch farblose, blaue, rote und braune Schattierungen. Der Rauchtopas ist dem Bergkristall sehr ähnlich. Die Hauptfundorte sind: Brasilien, Sri Lanka, Burma, Europa und die USA.

Körperliche Schwingung

Die Schwingung des Topas hilft Ihnen bei Augenleiden. Er verbessert Ihren Stoffwechsel und regt Ihre Verdauung an.

Seelische Schwingung

Die Schwingung des Topas fördert die Übermittlung genialer Gedanken, die Steigerung rednerischer und schriftstellerischer Begabungen und hellseherischer Fähigkeiten.

Spezielle Bedeutung für Frauen

Der Topas wirkt auf Sie inspirierend und hilft Ihnen, Ihre Intuition zu entfalten.

Handhabung

Der Topas besitzt eine elektrische Ladung, die sich besonders bei herannahendem Gewitter steigert. Er eignet sich zur Meditation und als Handschmeichler. Er ist als Anhänger und als Rohstein erhältlich.

Persönliche Affirmation

Ich vertraue auf die Kraft meiner Intuition und gewinne so mehr an Selbstvertrauen.

Türkis

Allgemeine Beschreibung

Der Türkis ist ein undurchsichtiges, durch Eisen oder Kupfer gefärbtes Aluminiumphosphat, seine Farben reichen von reinem Himmelblau über Blau bis zu Blaugrün; manchmal gibt es bräunliche Einschlüsse aus dem ursprünglichen Trägergestein. Seine Hauptfundorte sind Frankreich, Iran, Afghanistan und New Mexico.

Körperliche Schwingung

Die Schwingung des Türkis lindert alle Arten von Magenschmerzen, sei es durch Übersäuerung, durch nervliche Anspannung oder durch Gastritis. Er hilft auch gegen Kopfschmerzen und stärkt Ihre Abwehrkräfte und das Immunsystem.

Seelische Schwingung

Die Schwingung des Türkis führt zu Weisheit und hilft Ihnen, die Dinge des Lebens besser zu verstehen. Er unterstützt Ihre Kommunikation und Ihren Gerechtigkeitssinn.

Spezielle Bedeutung für Frauen

Der Türkis fördert Sie darin, in Angelegenheiten der Liebe spontaner zu sein, und bringt Sie näher zu Ihrem *Höheren Selbst*. Sollten Sie ein Kind haben, das stottert, so ist der Türkis der richtige Stein. Legen Sie ihn täglich für ca. 15 Minuten auf das Hals-Chakra.

Handhabung

Am besten und sicher echt ist der mit dem Muttergestein durchsetzte Türkis. Er verändert seine Farbe und wird grünlich, wenn der Träger krank wird. Der unechte Türkis vermag die Farbe nicht zu wechseln.

Persönliche Affirmation

Ich habe den Mut, meine unausgelebte Romantik in vollen Zügen zu leben.

Turmalin

Allgemeine Beschreibung

Der Turmalin, aus singhalesisch *turamali,* ist grün, rot, braun, blau, schwarz und farblos und ist eigentlich ein farbloses Silikat. Die gefärbten Abarten wie zum Beispiel der Elbait, der grüne Turmalin, der Indigolith, Rubellit, Schörl und Wassermelonen-Turmalin sind wertvolle Edelsteine. Die Hauptvorkommen sind in Brasilien, den Vereinigten Staaten, Sri Lanka, Rußland, Namibia und Madagaskar.

Körperliche Schwingung

Die Schwingung des Turmalins erhöht und vitalisiert Ihre Energien und bringt neue Perspektiven in Ihr Leben. Er wirkt ausgleichend auf allen Ebenen und schenkt Ihnen Vertrauen in der Kommunikation.

Seelische Schwingung

Die Schwingung des Turmalins erweitert Ihre Inspiration, löst Ihre Ängste auf und verleiht Ihnen Selbstvertrauen.

Spezielle Bedeutung für Frauen

Sie lernen in vielen Dingen, initiativer zu werden, und gewinnen so an Selbstsicherheit und Lebenserfahrung. Sie erleben, daß Ihr Leben von Ihnen selbst bestimmt wird und nicht, wie so oft, von Ihrer Familie, Ihren Freunden oder Bekannten.

Handhabung

Der Turmalin polarisiert durchgehendes Licht. Turmalin ist einer der eher teuren Steine. Er sollte regelmäßig unter fließendes Wasser gehalten und an der Sonne aufgeladen werden.

Persönliche Affirmation

Ich nehme mein Leben bewußt in die Hand und treffe meine Entscheidungen von nun an selber.

Zirkon

Allgemeine Beschreibung

Der Zirkon, aus dem Arabischen *saricun*, ist chemisch ein Zirkonium-Silikat, das zu 67 Prozent aus Zirkonerde mit Beigaben von Kieselsäure besteht. Er ist feurig, orange, grün, rot, braun, gelb, violett und blau. Die gelbroten Steine werden auch Edelsteinhyazinth oder einfach Hyazinth genannt (siehe dort), besonders in England, Frankreich und Spanien. Das muß man wissen, um sich vor Verwechslungen zu schützen. Farblose Zirkone heißen auch »weiblicher Diamant«. Seine Hauptfundorte sind Sri Lanka, Thailand, Burma und Vietnam.

Körperliche Schwingung

Die Schwingung des Zirkons reinigt die Organe und verbessert den Schlaf. Er löst Ihre Atemwege und soll lindernd wirken bei Bronchitis und Asthma.

Seelische Schwingung

Die Schwingung des Zirkons hilft Ihnen, inneren und äußeren Frieden und Ruhe zu finden. Sie lernen, geduldiger zu werden, und entdecken Ihre Reserven.

Spezielle Bedeutung für Frauen

Der Zirkon wirkt schmerzlindernd und krampflösend, besonders bei Menstruationsbeschwerden. Sie werden auch auf die wesentlichen Dinge in Ihrem Leben aufmerksam gemacht und halten sich nicht länger mit unlösbaren Problemen auf.

Handhabung

Die Schwingung des Zirkons hat eine große Kraft, daher bitte nicht ständig am Körper tragen, ausgenommen bei großen Schmerzen. Er ist als Rohstein und als Anhänger erhältlich, geschliffen ist er ziemlich teuer.

Persönliche Affirmation

Ich befreie mich von meinen unlösbaren Problemen und erkenne meine wirkliche Lebensrichtung.

Allgemeine Hinweise zur Verwendung von Edelsteinen

Verwendung zur Energiearbeit und Heilung

Energiearbeit und Heilung mit Edelsteinen, Kristallen und Mineralien kann auf mehreren Wegen erfolgen. Legen Sie Steine auf die Chakren auf. Dabei sollten Sie bitte darauf achten, daß es im Regelfall um Ausgleich, Harmonisierung und Besänftigung geht, nicht um Stimulierung oder Aktivierung, die oft nicht recht kontrollierbar sind.

Beispiel für Chakraarbeit

- Legen Sie sich flach und bequem auf den Rücken.
- Zur Kräftigung des Basischakras und Stärkung Ihrer Lebenskraft legen Sie einen Granat (oder Rubin oder anderen roten Stein) unter Ihr Steißbein.
- Zur Harmonisierung Ihres Sakralchakras legen Sie einen Amethyst oder Aquamarin, zur Aktivierung einen Karneol oder Rhodochrosit auf die Mitte des Schamhaaransatzes.
- Zum Ausgleich des Nabelchakras legen Sie einen Malachit oder einen gelben Topas auf den Solarplexus (oberhalb des Bauchnabels).
- Zur Öffnung des Herzchakras legen Sie einen Rosenquarz oder Bergkristall auf die Mitte des Brustbeins.
- Zur Klärung des Kehlkopfchakras legen Sie einen Türkis auf die Mitte des Halses.
- Zur Erinnerung an den Ort des *Sitzes der Seele* legen Sie einen Amethyst oder Lapis Lazuli auf das *dritte Auge* zwischen den beiden Augenbrauen.
- Schließen Sie dann die Augen, und nehmen Sie einige Minuten lang von unten nach oben hin wahr, ob und welche Schwingungen Sie fühlen. Meditieren Sie dann.

Steine als Schmuck und zur Energiearbeit

- Tragen Sie Steine Ihrer Wahl an einer Halskette, z. B. Bergkristall, Amethyst, Rosenquarz, Gold; oder als Halskette, z. B. Türkis, Aquamarin, Perlen.
- Tragen Sie Steine als Ringe oder Armreifen, z. B. Diamant, Saphir, Rubin, Smaragd, Gold, Granat, Amethyst.

Edle Steine als Teil der Einrichtung

Besonders Drusen von Halbedelsteinen, z. B. Amethyste, eignen sich hervorragend als Zimmerschmuck, der gleichzeitig eine positive Schwingung ausstrahlt. Auch hübsche Bergkristalle oder Rauchquarze, eine Kristallkugel, eine Rosenquarzpyramide oder ein Ei aus einem Halbedelstein, zum Beispiel aus Malachit, sowie Untersetzer aus Achat können einem ästhetischen und einem energetischen Zweck auf wunderbare Weise dienen.
Von einem allzu großen »Mischmasch« an Steinen in einem Raum kann ich nur abraten. Da geraten zu viele Energien schnell durcheinander, und zu oft erhofft sich der/die Bewohner/in von vielen Steinen etwas, was eigentlich die Arbeit an sich selbst, die Bemühung um Bewußtseinsentwicklung und Selbstverwirklichung, leisten sollte.

Reinigung

Dazu lesen Sie bei jedem einzelnen Stein eine Empfehlung. Allgemein gilt, daß klares kühles Wasser (fast) keinem Stein schadet, ihn aber von aufgenommenen Schwingungen entladen und reinigen kann (Ausnahme: spröde, poröse Steine). In Einzelfällen ist Salzwasser anzuraten (z. B. bei Perlen). Eine Aufladung an der Sonne nutzt der Energie vieler Steine. Sie können sich im Zweifelsfall ruhig auf Ihre eigene Intuition stützen.

Die beste Methode, einen Stein zu reinigen, zu entladen und zu energetisieren besteht darin, daß die Trägerin/Benutzerin positive, helle, schöpferische Gefühle und Gedanken pflegt und das anstrebt, was in jeder Situation das Günstigste für alle Beteiligten ist!

Lagerung

Wenn Sie Ihre Steine nicht benutzen bzw. tragen oder im Zimmer aufstellen oder aufhängen, schlage ich vor, sie in einer hübschen Schmuckschatulle aufzubewahren, die zum Beispiel mit Samt oder Seide ausgeschlagen ist. Das schützt sie nicht nur vor Verstaubung, sondern erinnert Sie auch an den Wert Ihrer Steine und vermittelt Ihnen das Gefühl der Kostbarkeit, den die Steine darstellen.

Kombination

Mir scheint es am sinnvollsten, nicht zu viele verschiedene Steine miteinander zu kombinieren, sondern lieber dann und wann zwischen in sich gut abgestimmten Kombinationen zu wechseln.
Natürlich spielt der persönliche Geschmack eine wichtige Rolle bei der Auswahl. Hier aber doch einige Vorschläge:
- Bergkristall und Diamant, auch Mondstein und Perle sowie Herkimer und Gold lassen sich mit sehr vielen anderen Steinen gut kombinieren.
- Ausgesprochen wertvolle farbige Edelsteine wie Rubin, Saphir und Smaragd sollten vielleicht mit Diamant – und als Schmuck wohl meist in einer Goldfassung –, sonst aber für sich allein wirken können.
- Ähnliches gilt für ausgefallene Steine wie Sugilith, Moldavit und Boji-Steine, die – mit Ausnahme einer etwaigen Fassung – am besten für sich wirken.

Wie finde ich meinen Stein?

Am besten richten Sie sich nach Ihrer eigenen inneren Stimme, nach Ihrem Gefühl, nach Ihrer Intuition. Der Stein, der Sie ganz persönlich anspricht, den Sie gern tragen oder in der Hand halten oder ansehen, der Stein, von dem Sie spüren, daß er Ihnen guttut, wird der richtige für Sie sein.

Wer »Einstiegshilfen« sucht, kann sich zum Beispiel unter den Steinen, die zum eigenen Tierkreiszeichen vermerkt sind, die ein oder zwei aussuchen, die ihn am ehesten ansprechen.

Sie können auch nach den Farben gehen und danach, was Sie zur Zeit am meisten brauchen. Sicher kennen Sie die Grundmerkmale der Farben, die sinngemäß auch auf Edelsteine, Kristalle und Mineralien zutreffen:

Rot = aktivierend, stärkend
Orange = erweiternd, stimmungshebend
Gelb = fördert klare Kommunikation und mentalen Austausch
Lemon (Gelb-Grün) = entgiftet, klärt (Thymusdrüse)
Grün = beruhigt, neutralisiert, harmonisiert
Türkis = entgiftet (elektromagnetische Felder), stärkt Selbstausdruck
Blau = beruhigt, entspannt
Violett = geistige Öffnung, vertieft
Magenta = aktiviert geistig
Braun = erdet, dämpft, beruhigt
Grau = neutralisiert, distanziert
Schwarz = absorbiert, beruhigt zeitweise, verdeckt
Weiß = klärt, erhebt
Silber = energetisiert, klärt
Gold = gibt warme Herzensenergie, schützt

Mischfarben = entsprechend den Merkmalen der Einzelfarben
Als eine bewährte Faustregel kann gelten: Wenn Sie sich nach etwa einer Woche mit einem Stein immer noch nicht wohl fühlen bzw. sich immer noch nicht mit ihm »angefreundet« haben, dann ist das auch nicht »Ihr« Stein!

Aus folgenden achtzehn Steinen könnten Sie sich nach Farben, Zwecken und Geldbeutel eine Art »Grundausstattung« bzw. »Hausapotheke« zusammenstellen:

– Bergkristall	– Achat	– Türkis
– Rosenquarz	– Mondstein	– Lapis Lazuli
– Granat	– Jade	– Obsidian
– Amethyst	– Gold	– Perle
– Aquamarin	– Silber	– Chalcedon
– Malachit	– Diamant	– Kupfer

Ich wünsche Ihnen von Herzen, daß Sie über die Beschäftigung mit edlen Steinen und den in ihnen verborgenen konzentrierten Kräften von Erde, Natur und Kosmos einen Zugang zur Heilung an Körper und Geist gewinnen, zur Erfüllung und Lebensfreude und zum inneren Licht und Frieden der Seele!

Das Sonnenlicht, das die Kristalle uns spiegeln, ist ein Widerschein des göttlichen Lichts in jedem Menschen. Mögen Sie den Eingang zum Schatzhaus der Seele, zum »Juwel in der Lotosblüte« finden und Gottes reichen Segen erfahren!

Wer weiß, wie oft wir schon zusammenkamen,
In welch vergeßner Tracht, mit welch' fremden Namen,
In welcher Sonnenstadt, an welchen Küstenländern,
Wo es Kristalle gibt mit flammenfarbenen Rändern,
In welchen Grotten wir, in welchem Wald wir schliefen,
Und welche Glocken uns zu einem Eingang riefen.
– Robert Braun, Herbstgeboren, 2. Vers

Anhang
Edelsteine, Chakras und Tierkreiszeichen

Die folgenden Steine eignen sich teilweise, um die Qualitäten des jeweiligen Tierkreiszeichens zu entfalten und zu verwirklichen, und teilweise, um bestimmte Schwächen dieser Zeichen auszugleichen. Mir ist bewußt, daß es über die Zuordnung von Steinen zu Tierkreiszeichen nie eine völlige Einigkeit geben wird. Bitte richten Sie sich nach dem, was Ihr Gefühl und Ihre Seele Ihnen sagen!

Widder

Blutstein, Granat, Diamant, Sarder, Zirkon, Karneol, Pyrit, (roter) Turmalin; alle roten Steine; Eisen.

Stier

Smaragd, Achat, Alabaster, Rosenquarz, Chrysopras, Marmor, Saphir, Jade; Kupfer.

Zwillinge

Apatit, Achat, Aquamarin, Citrin, Rutilquarz, dunkle Topase; alle gestreiften Steine; Bronze.

Krebs

Mondstein, Moos-Achat, Opal, Beryll, (grüner) Turmalin, Chrysoberyll, Perle, Amazonit; Silber.

Löwe

Rubin, Diamant, Granat, Hyazinth, Feuer-Achat, Sonnenstein, Jaspis, Onyx, Bernstein; gelb- und goldfarbige Steine; Gold.

Jungfrau

Peridot, Saphir, Citrin, Amazonit, Amethyst, alle Topase; Platin.

Waage

Aquamarin, Opal, Sonnenstein, Marmor, Saphir, Achat, Jade, Lapis Lazuli; Kupfer.

Skorpion

Turmalin, Obsidian, Sarder, Smaragd, Malachit, Mondstein, Hämatit; Eisen.

Schütze

Azurit, Amethyst, Topas, Türkis, Sodalith, (Blut-)Jaspis, Lapis Lazuli; Bronze.

Steinbock

Malachit, (grüner) Turmalin, Rauchquarz, Feuerstein (Flint), Malachit, Peridot, Prasem, Sardonyx, Tigerauge; Eisen, Zinn.

Wassermann

Bergkristall, Aventurin, Turmaline, Bernstein, Aquamarin, Chrysopras, Lapis Lazuli, Opal; Kupfer.

Fische

Amethyst, Jade, Sugilith, Aquamarin, Chrysopras, Fluorit, (grüner) Turmalin, Mondstein, Opal; Silber.

Edelsteine, Chakras und Astrologie

Hier eine weitere Aufstellung über mögliche Zuordnungen zwischen Edelsteinen, Kristallen und Mineralien zu den sieben Chakras und den zwölf Tierkreiszeichen sowie weiteren astrologischen Faktoren. Erneut bitte ich Sie, im – vermutlich häufigen – Zweifelsfall Ihre eigene innere Stimme zu konsultieren und sich nicht sklavisch an diese Liste zu halten. Sie kann nur eine erste Hilfe sein, nicht mehr und nicht weniger.

Abalone: Kronenchakra. Fische, Mond, u. U. Merkur, 3. und 11. Haus.

Achat: Nabelchakra. Der Achat ist ein reiner Venusstein, er gehört deshalb auch zu den Zeichen Stier und Waage.

Alabaster: Herzchakra. Venus und Stier.

Amazonit: Halschakra. Tierkreiszeichen Jungfrau.

Amethyst: Scheitelchakra. Jupiter, Fische, Schütze.

Ametrin: Sakralchakra. Stier, Zwillinge, Steinbock.

Apatit: Nabelchakra. Zwillinge.

Aquamarin: Herz- und Kehlkopfchakra. Ein Uranusstein, Wassermann, Fische, Zwillinge.

Aventurin: Herzchakra. Der Aventurin wird dem Saturn zugeordnet sowie dem Wassermann.

Azurit: Stirnchakra, Drittes Auge. Jupiter, Fische, Schütze.

Bergkristall: Herzchakra, Stirnchakra. Uranus, Wassermann, Neptun, Fische.

Bernstein: Sakralchakra und Herzchakra. Uranus, Wassermann.

Beryll: Kehlkopfchakra. Mond, Krebs, Uranus, Wassermann.

Blutstein: Wurzelchakra. Widder.

Boji-Stein: Alle Chakras. Skorpion.

Calcit: Stirnchakra. Mond.

Chalcedon: Kehlkopfchakra. Mond, Krebs und Neptun, Fische.

Chrysoberyll: Nabelchakra, Stirnchakra. Mond, Krebs.

Chrysopras: Herzchakra. Venus, Stier, Waage.

Citrin: Nabelchakra. Neptun, Fische.

Diamant: Alle Chakras. Sonne, Löwe; u. U. auch Pluto und Skorpion.

Dioptas: Nabelchakra. Venus, Waage.

Dolomit: Sakralchakra. Widder, Zwillinge.

Eisen: Wurzelchakra. Mars, Widder, Skorpion.

Feuerstein: Sakralchakra. Saturn, Mars, Widder, Skorpion, Steinbock, Wassermann.

Fluorit: Herzchakra. Neptun, Fische, Wassermann, Skorpion.

Gold: Herzchakra. Sonne, Löwe.

Granat: Wurzelchakra. Mars, Widder, Skorpion.

Hämatit: Wurzelchakra. Mars, Widder, Skorpion.

Herkimer: Herz- und Nabelchakra. Wassermann, Fische.

Heliotrop: siehe Blutstein.

Hyazinth: Sexualchakra, Milzchakra. Uranus, Wassermann.

Jade: Herz- und Nabelchakra. Merkur, Zwillinge, Jungfrau.

Jaspis: Alle Chakras. Der Jaspis gehört zu den Planeten Jupiter und Merkur und damit zu den Tierkreiszeichen Zwillinge, Jungfrau, Schütze und Fische.

Karneol: Sakralchakra. Der Karneol gehört zu dem Planeten Mars und damit zu den Tierkreiszeichen Widder und Skorpion.

Kupfer: Sakralchakra. Venus, Stier, Waage.

Lapis Lazuli: Drittes Auge. Jupiter, Schütze.

Malachit: Nabelchakra. Saturn, Steinbock.

Marmor: Wurzel- und Stirnchakra. Waage und Stier.

Moldavit: Herzchakra. Mond, Neptun.

Mondstein: Herzchakra. Mond, Krebs, Fische.

Obsidian: Scheitelchakra. Mars, Mond, Neptun, Fische, Krebs, Skorpion, Widder.

Onyx: Wurzel- und Kehlkopfchakra. Alle Onyxarten stehen unter Saturn und gehören damit zu Steinbock und Wassermann.

Opal: Drittes Auge. Mond und Neptun und damit auch Krebs und Fische.

Peridot: Herzchakra. Neptun, Fische.

Perle: Herzchakra. Perlen werden dem Mond zugeordnet, und damit fallen sie in das Tierkreiszeichen Krebs.

Platin: Kronenchakra. Jungfrau.

Prasem: Herzchakra. Saturn, Steinbock, Wassermann.

Pyrit: Nabel- und Kehlkopfchakra. Löwe.

Rauchquarz: Kehlkopf- und Milzchakra. Saturn, Steinbock, Wassermann.

Rhodochrosit: Wurzel-, Sakral-, Nabelchakra. Pluto, Widder, Skorpion.

Rhodonit: Sakral-, Nabel und Herzchakra. Sonne, Löwe.

Rosenquarz: Herzchakra. Venus, Stier, Waage.

Rubin: Wurzel- und Herzchakra. Sonne, Löwe, Mars und Pluto, Widder und Skorpion.
Rutilquarz: Alle Chakras.
Saphir: Stirnchakra (»Drittes Auge«). Venus, Stier, Waage.
Sarder: Sexualchakra. Mars, Skorpion, Widder.
Sardonyx: Wurzelchakra. Mars, Widder, Skorpion.
Silber: Nabel- und Herzchakra. Mond, Krebs.
Smaragd: Herzchakra. Venus, Stier, Waage.
Sodalith: Drittes Auge. Jupiter, Schütze und Fische.
Sonnenstein: Milz- und Herzchakra. Uranus, Wassermann.
Sugilith: Stirn- und Scheitelchakra. Jupiter, Pluto, Schütze, Skorpion.
Tigerauge: Nabelchakra. Saturn, Steinbock und Wassermann.
Topas: Drittes Auge. Merkur und Uranus, Zwillinge, Jungfrau und Wassermann.
Türkis: Herzchakra. Jupiter, Schütze, Fische.
Turmalin: Herzchakra. Saturn, Steinbock, Wassermann.
Zirkon: Alle Chakras. Uranus, Wassermann.

Edelsteine und Gefühle, Symptome und Funktionen

Sie finden hier Hinweise zur Entsprechung von Edelsteinen, Kristallen und Metallen zu bestimmten Gefühlen, Symptomen und Funktionen. Eine solche Aufstellung kann nie vollständig sein und wird sicher auch nicht unumstritten bleiben; diese ist als eine erste Hilfestellung gedacht. Sie stützt sich u. a. auf die Erfahrungen von Johannes Vehlow *(Astrologie,* Bände 1–7, vergriffen) und Barbara Mattesons *Mystic Minerals* (erschienen bei Cosmic Resources, Seattle, USA, 1985).

Ärger: Peridot
Aktivität: Achat
Akzeptanz: Rhodochrosit
Allergien: Zirkon
Angst: (Azur-)Malachit, Rhodonit
Anpassungsfähigkeit: Chrysopras
Anregung: Platin
Anziehung: Sugilith
Arthritis: Kupfer
Assimilation: Rhodochrosit
Asthma: Malachit
Astralprojektion: Quarzkristall, beidseitig abgeschlossen
Aufmerksamkeit: Perle, Saphir
Augenprobleme: Tigerauge
Augenstärkung: Opal, Jade
Aura: Rutilquarz, Diamant
Auraausgleich: Diamant, Gold, Opal
Ausdauer: Bergkristall, Bernstein
Ausdrucksweise: Silber

Beruhigung: Amethyst, (Azur-)Malachit, Gold
Beständigkeit: Bernstein, Marmor
Bewußtheit: Diamant
Beziehung: Citrin, Gold, Mondstein
Bildung: Citrin, Ametrin
Blasenprobleme: Jade
Blut: Eisen
Blutkreislauf: Citrin, Kupfer
Böser Blick: Türkis, Saphir
Bronchitis: Pyrit, Rutilquarz
Brustraum: Boji-Stein, Sonnenstein

Depression: Lapis Lazuli, Jaspis
Drüsen (geschwollen): Zirkon, Aquamarin
Drüsenenergiefluß: Sodalith, Platin

Einheit: Diamant
Einstimmung: Jade
Ego: (Moos-)Achat, Peridot

Ehe: Sardonyx, Blauer Saphir
Ehre: Gold, Lapis Lazuli
Eifersucht: Peridot

Empfänglichkeit: Rosenquarz
Energie: Chalcedon, Calcit, Hämatit, Platin, Rubin, Gold, Diamant
Energieverstärkung: Opal, Rubin
Entscheidungen: Blutstein, Onyx, Bergkristall
Ernteförderung: (Moos-)Achat
Erwachen: Apatit, (Iris-)Achat

Familie: Citrin, Heller Karneol
Feinde: Feuerstein
Fieber: Aquamarin, Rauchquarz
Fülle: Grüner Turmalin
Frieden: Saphir
Freundschaft: Malachit, Pyrit, Sardonyx
Fröhlichkeit: Lapis Lazuli
Fruchtbarkeit: Mondstein, Granat, Kupfer
Furcht: Karneol, Sardonyx, (Feuer-)Achat

Geburt: Diamant, Perle, Gold
Geduld: Boji-Stein
Gefahr: (Feuer-)Achat
Gefühle: Alabaster, Eisen, Smaragd, Gold
Gemüt: Sugilith
Geschäfte: Amethyst, Citrin
Glauben: Perle
Glück: Alabaster, Mondstein, Onyx, Gold
Großzügigkeit: Chrysoberyll, Hyazinth

Harmonisierung: Rutilquarz
Heilung: Bernstein, Gold, Bergkristall, Blauer Saphir
Herz: Rosenquarz, Aquamarin, Blauer Saphir
Herausforderung: Rauchquarz
Hingabe: Rosenquarz, Perle, Aquamarin
Höheres Selbst: Bergkristall, Herkimer, Diamant
Idealismus: Blutstein, Herkimer
Illusion: Fluorit
Individualität: Boji-Stein, Abalone
Innenschau: Azurit, Dioptas, Obsidian
Instinkt: Rauchquarz
Integration: Prasem, Rhodochrosit
Intelligenz: Aquamarin

Klarheit: Bergkristall, Türkis
Knochenmark: Onyx
Kontroverse: Rubin, Türkis
Konzentration: Fluorit, Perle, Weißer Saphir
Kopfschmerzen: Türkis
Körper: Blauer Saphir, Hämatit, Sugilith
Kreativität: Blutstein, Grüner Turmalin, Sonnenstein, Topas, Mondstein
Kunst: Rosenquarz

Langlebigkeit: Jade
Leben: Sardonyx
Leidenschaft: Granat, Mondstein
Leistung: Platin

Liebe: Blauer Saphir, Opal, Rosenquarz, Türkis, Diamant, Gold u.a.m.
Logik: Sodalith

Magenstärkung: Jaspis, Malachit
Magie: Sarder
Mediale Fähigkeiten: Azurit, Herkimer
Meditation: Amethyst, Azurit, Klare Kristalle, Herkimer
Mentale Kräfte: Smaragd, Gold, Eisen, Sodalith
Minderwertigkeitskomplex: Chrysopras
Mitgefühl: Türkis, Mondstein
Mutlosigkeit: Bergkristall, Obsidian

Negative Energie: Bernstein, Rutilquarz, Topas
Neid: Karneol
Nervosität: Amazonit, Bernstein, Gold, Jaspis
Neuralgien: Karneol

Originalität: Aventurin

Phantasie: Azurit, Rosenquarz
Potential: Rhodonit, Silber, Diamant

Qualität: Opal, Zirkon

Rechtsangelegenheiten: Eisen, Diamant, Rubin
Reinigung: Blutstein, Opal, Topas

Schlaflosigkeit: Amethyst
Schönheit: Rosenquarz, Saphir, Türkis

Schutz: Schwarzer Saphir, Sarder
Stärke: Eisen

Tod: Jade, Mondstein
Träume: Mondstein, Moldavit, Opal
Trauer: Obsidian, Onyx
Treue: Malachit

Übereinkunft: (Moos-)Achat
Unabhängigkeit: Aventurin, Sonnenstein, Topas
Unschuld: Aquamarin, Perle
Unterbewußtsein: Malachit
Unverletzlichkeit: Eisen
Urteilsfindung: Eisen, Jade

Verantwortung: Rauchquarz
Veränderung: Obsidian
Vergebung: Chrysoberyll
Vermeidung: Rhodochrosit
Verstand: Sodalith, Smaragd
Verstopfung: Grüner Turmalin, Platin, Granat
Vertrauen: Azurit, Lapis Lazuli, Topas
Verwirrung: Apatit, Weißer Saphir
Verzweiflung: Beryll, Smaragd
Vorteil: Silber

Wachheit: Tigerauge
Weisheit: Jade, Türkis
Wille: Granat, Rubin
Wohlstand: Amethyst
Wohltätigkeit: Chalcedon, Perle

Zentrierung: Sternsaphir
Zielstrebigkeit: Rhodonit

Weiterführende Literatur

Michael Gienger, **Die Steinheilkunde,** Verlag Neue Erde, Saarbrücken 1995

Gottfried Hertzka/Wighard Strehlow, **Die Edelsteinmedizin der heiligen Hildegard,** Bauer Verlag, Freiburg 1992

Barbara J. Matteson, **Mystic Minerals,** Cosmic Resources, Seattle, 1985

Kevin Sullivan, **The Crystal Handbook,** Signet-Books, Penguin, New York 1987

Johannes Vehlow, **Astrologie** – Die Analyse der astrologischen Elemente, Bd. III, Sporn Verlag, Zeulenroda o.J., vergriffen

Suzan H. Wiegel, **Aura Soma leicht gemacht,** Fischer Verlag, CH-Münsingen 1996

Meditation

Meditation ist der nächste Schritt zur rein spirituellen Bewußtseinsentwicklung. Als derzeit beste Bücher zu diesem Thema kann ich Ihnen empfehlen:

Darshan Singh, **Liebe auf Schritt und Tritt** – Das Wunder deiner inneren Welt, Fischer Media Verlag, CH-Münsingen 1990

Kirpal Singh, **Karma** – Das Gesetz von Ursache und Wirkung; Origo Verlag, Bern 1983

Rajinder Singh, **Heilende Meditation** – Eine praktische Einführung in die Lichtmeditation am 3. Auge, mit einem Vorwort des Dalai Lama, Urania Verlag, CH-Neuhausen 1996

Informationen über regelmäßige (unentgeltliche) Meditationstreffen zur spirituellen Fortbildung und Einübung der Lichtmeditation erhalten Sie von

D: Helga Kammerl, Jägerberg 21, D-82335 Berg,
Tel. (08151) 50449, Fax 51038
A: Herbert Wasenegger, Mautner Markhofgasse 13–15/V/3,
A-1110 Wien, Tel. (01) 7491871
CH: Angela Seiler, Tödistrasse 20, CH-8002 Zürich

Hinweis auf Kristall-Licht-Farbtherapie

Wer mit Farben und Licht als Therapie arbeiten möchte, dem ist der **MultiColorCombi-Set** von *Life Energy Products Santa Fe* zu empfehlen. Dabei handelt es sich um eine Farbhandlampe mit einer echten Quarzpyramide und 2x12 Farbfiltern, die eine Kombination von Akupunktur, Akupressur, Farbtherapie und Kristalltherapie gestattet. Weitere Informationen sowie Bezug über

D: Versandservice Buchhandlung Wrage, Schlüterstr. 4,
D-20146 Hamburg, Tel. (040) 455240, Fax 442469
A: Firma Raimund Engel, Sieveringerstr. 126/4, A-1190 Wien,
Tel. (01) 4403008, Fax 4404251
CH: Buchhandlung Scherz, Marktgasse 25, CH-3000 Bern,
Tel. (031) 3116837, Fax 3125025

Die Autorin

Ursula von Rohr ist Mitherausgeberin zweier Buchreihen (ECON: Esoterik & Leben und Fischer Media Verlag: Natürliche Gesundheit & Praktische Lebenshilfe). Sie ist diplomierte Betriebswirtin (Magister), hat als Assistentin an der Wirtschaftsuniversität Wien und als Professorin an der Handelsakademie Tulln gearbeitet. Auf dieser »nüchternen« Grundlage hat sie »Esoterik« im weitesten Sinne studiert und sich besonders der Wirkung von edlen Steinen gewidmet. Sie lebt in Wien und in Santa Fe.

Weitere Titel der ECON-Reihe Esoterik & Leben

Ursula und Wulfing von Rohr
Das neue I Ging *TB 19000-8*

Wulfing von Rohr/Gayan S. Winter
Zauber des Tarot *TB 19001-6*

Pearl
Die Engel sprechen zu Dir *TB 19002-4*

Iris Bleek
Botschaften der Seele *TB 19004-0*

Albert Padval
Düfte und Aromatherapie *TB 19005-9*

John Starr
Die Bedeutung deiner Hand *TB 19006-7*

Wulfing von Rohr
Karma und Reinkarnation *TB 19007-5*

Petra Kandelsberger/Annemarie Claucig
Bachblüten *TB 19008-3*

Daniel Jacobs
Das Geheimnis der Zahlen *TB 19009-1*

Azlan White/Wulfing von Rohr
Mondkraft *TB 19010-5*

Ursula und Wulfing von Rohr
Meditation *TB 19011-3*

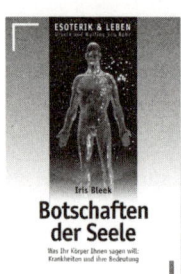